사도신경

The Apostles' Creed

전능하사 천지를 만드신 하나님 아버지를 내가 믿사오며,

그 외아들 우리 주 예수 그리스도를 믿사오니,

이는 성령으로 잉태하사 동정녀 마리아에게 나시고,

'본디오 빌라도'에게 고난을 받으사,

십자가에 못박혀 죽으시고,

장사한 지 사흘 만에 죽은 자 가운데서 다시 살아나시며,

하늘에 오르사, 전능하신 하나님 우편에 앉아 계시다가,

저리로서 산 자와 죽은 자를 심판하러 오시리라.

성령을 믿사오며, 거룩한 교회와,

성도가 서로 교통하는 것과,

죄를 사하여 주시는 것과, 몸이 다시 사는 것과,

영원히 사는 것을 믿사옵나이다.

아멘!

손끝에서 피어나는 하나님 백성의 해방 이야기

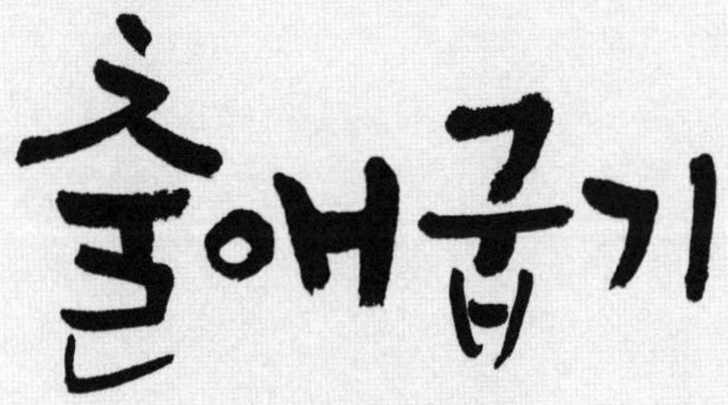

따라쓰기

Hand Copying Scriptures

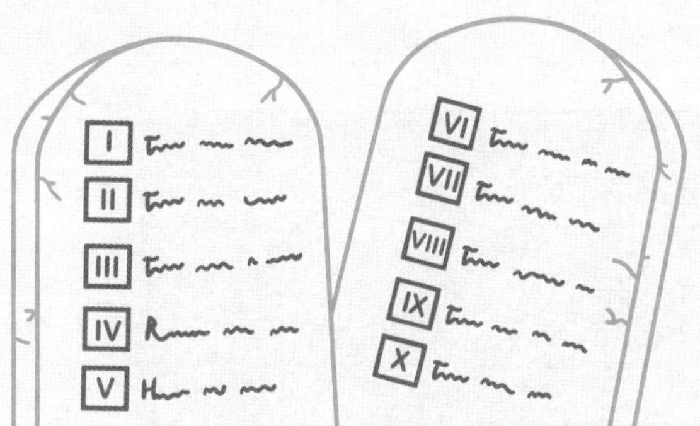

손끝에서 피어나는 하나님 백성의 해방 이야기

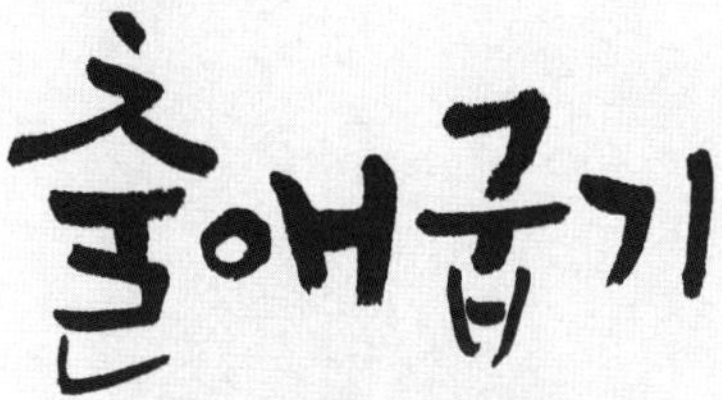

따라쓰기

Hand Copying Scriptures

개역개정

시작한 날 . . .

마 친 날 . . .

따라 쓴 이

요단
JORDAN
PRESS

십계명을 든 모세(1659)
(렘브란트, Rembrandt Harmenszoon van Rijn, 1606-1669)

홍해 건너기(16340)
(니콜라 푸생, Nicolas Poussin, 1594-1665)

“세계가 다 내게 속하였나니 너희가 내 말을 잘 듣고 내 언약을 지키면 너희는 모든 민족 중에서 내 소유가 되겠고, 너희가 내게 대하여 제사장 나라가 되며 거룩한 백성이 되리라” | 출 19:5-6 |

손끝에서 피어나는 하나님 백성의 해방 이야기

40일 출애굽기 따라쓰기 표

일차	본문	√	일차	본문	√	일차	본문	√
1	출애굽기 1장	☐	15	출애굽기 15장	☐	29	출애굽기 29장	☐
2	출애굽기 2장	☐	16	출애굽기 16장	☐	30	출애굽기 30장	☐
3	출애굽기 3장	☐	17	출애굽기 17장	☐	31	출애굽기 31장	☐
4	출애굽기 4장	☐	18	출애굽기 18장	☐	32	출애굽기 32장	☐
5	출애굽기 5장	☐	19	출애굽기 19장	☐	33	출애굽기 33장	☐
6	출애굽기 6장	☐	20	출애굽기 20장	☐	34	출애굽기 34장	☐
7	출애굽기 7장	☐	21	출애굽기 21장	☐	35	출애굽기 35장	☐
8	출애굽기 8장	☐	22	출애굽기 22장	☐	36	출애굽기 36장	☐
9	출애굽기 9장	☐	23	출애굽기 23장	☐	37	출애굽기 37장	☐
10	출애굽기 10장	☐	24	출애굽기 24장	☐	38	출애굽기 38장	☐
11	출애굽기 11장	☐	25	출애굽기 25장	☐	39	출애굽기 39장	☐
12	출애굽기 12장	☐	26	출애굽기 26장	☐	40	출애굽기 40장	☐
13	출애굽기 13장	☐	27	출애굽기 27장	☐			
14	출애굽기 14장	☐	28	출애굽기 28장	☐			

손끝에서 피어나는 하나님 백성의 해방 이야기

활용법 일러두기

1. 성경 본문에 대한 이해를 돕기 위해 간단한 해설을 수록하였습니다.
2. 40일 동안 따라 쓸 수 있도록 일정표를 제시하였습니다.
3. 성경책 없이도 언제 어디서나 따라 쓸 수 있도록 성경 본문을 함께 제공하였습니다.
4. 매일 한 장씩 기도하면서 성경 본문을 따라 쓰면 확실한 이해와 더 깊이 있는 묵상을 경험할 수 있습니다.

한 눈에 이해하는 출애굽기 개관

저자 모세

저작연대 B.C. 1450~1400년경

수신자 이스라엘 백성

기록장소 시내산

기록목적

한 민족으로 성장한 이스라엘을 애굽에서 해방시킴으로써 자기 백성으로 선택한 것을 확인시키신 신실하신 구속자 여호와 하나님을 계시하고, 율법 제정과 성막 건립을 통하여 거룩한 나라의 기틀을 놓는 과정을 보여주기 위한 목적으로 기록되었다.

주요개요

출애굽기의 첫 부분은 애굽에서 히브리민족을 구속하는 내용이고(1:1-15:21), 둘째 부분은 구속받은 백성의 성막 중심 생활에 관한 내용이다(15:22-40:38). 출애굽기는 창세기에서 아브라함에게 약속하신 대로 하나님이 자기 백성을 애굽의 종이라는 결박에서 해방시켜 민족을 이루는 이야기이다. 하나님은 이를 위해 한 사람(모세)에게 '스스로 있는 자'로 자신을 계시하시고 지도자로 삼아 민족 구원을 위해 사용하신다. 10가지 재앙을 통해 하나님이 애굽의 모든 신보다 크신 분이심을 드러내시어 이스라엘을 애굽에서 이끌어 내시고 시내산에서 하나님이 그들의 하나님이 되시고, 그들은 하나님의 백성이 되는 언약을 맺으셨다. 그리고 하나님의 백성이 지켜야할 율법을 수여하시고 성막 건축과 제사법을 알려 주신다.

내용분해

1. 이스라엘의 해방(1:1~18:27)
2. 시내 산 언약의 확립(19:1-24:18)
3. 성막과 제사장 직분에 대한 명령(25:1-31:18)
4. 파괴되었다가 회복된 언약(32:1-34:35)
5. 성막을 세우는 이스라엘(35:1-39:43)
6. 성막의 완성과 봉헌(40:1-38)

참고도서

필립 얀시, 팀 스태버드, 『필립 얀시의 별미 성경 여행』. 서울: 요단출판사, 2009.
더글러스 코널리, 『스마트 통성경』. 서울: 요단출판사, 2012.
대한성서공회, 『 뱁티스트 성경전서』. 서울: 대한성서공회, 2016

1. 이스라엘의 해방
(1:1~18:27)

2. 시내 산 언약의 확립
(19:1~24:18)

3. 성막과 제사장 직분에 대한 명령
(25:1~31:18)

4. 파괴되었다가 회복된 언약
(32:1~34:35)

5. 성막을 세우는 이스라엘
(35:1~39:43)

6. 성막의 완성과 봉헌
(40:1-38)

이스라엘의 해방

1장 1절—18장 27절

1장

이스라엘 자손이 학대를 받다

1 야곱과 함께 각각 자기 가족을 데리고 애굽에 이른 이스라엘 아들들의 이름은 이러하니

2 르우벤과 시므온과 레위와 유다와

3 잇사갈과 스불론과 베냐민과

4 단과 납달리와 갓과 아셀이요

5 야곱의 허리에서 나온 사람이 모두 칠십이요 요셉은 애굽에 있었더라

6 요셉과 그의 모든 형제와 그 시대의 사람은 다 죽었고

7 이스라엘 자손은 생육하고 불어나 번성하고 매우 강하여 온 땅에 가득하게 되었더라

8 요셉을 알지 못하는 새 왕이 일어나 애굽을 다스리더니

9 그가 그 백성에게 이르되 이 백성 이스라엘 자손이 우리보다 많고 강하도다

10 자, 우리가 그들에게 대하여 지혜롭게 하자 두렵건대 그들이 더 많게 되면 전쟁이 일어날 때에 우리 대적과 합하여 우리와 싸우고 이 땅에서 나갈까 하노라 하고

[1장] 이스라엘 자손이 학대를 받다

1

2

3

4

5

6

7

8

9

10

11 감독들을 그들 위에 세우고 그들
에게 무거운 짐을 지워 괴롭게
하여 그들에게 바로를 위하여 국
고성 비돔과 라암셋을 건축하게
하니라
12 그러나 학대를 받을수록 더욱 번
성하여 퍼져나가니 애굽 사람이
이스라엘 자손으로 말미암아 근
심하여
13 이스라엘 자손에게 일을 엄하게
시켜
14 어려운 노동으로 그들의 생활을
괴롭게 하니 곧 흙 이기기와 벽
돌 굽기와 농사의 여러 가지 일
이라 그 시키는 일이 모두 엄하
였더라
15 애굽 왕이 히브리 산파 십브라라
하는 사람과 부아라 하는 사람에
게 말하여
16 이르되 너희는 히브리 여인을 위
하여 해산을 도울 때에 그 자리
를 살펴서 아들이거든 그를 죽이
고 딸이거든 살려두라
17 그러나 산파들이 하나님을 두려
워하여 애굽 왕의 명령을 어기고
남자 아기들을 살린지라
18 애굽 왕이 산파를 불러 그들에게
이르되 너희가 어찌하여 이같이
남자 아기들을 살렸느냐
19 산파가 바로에게 대답하되 히브
리 여인은 애굽 여인과 같지 아
니하고 건장하여 산파가 그들에
게 이르기 전에 해산하였더이다
하매

11

12

13

14

15

16

17

18

19

출애굽기

이스라엘의 해방

1장 1절—18장 27절

1장

20 하나님이 그 산파들에게 은혜를
베푸시니 그 백성은 번성하고 매
우 강해지니라
21 그 산파들은 하나님을 경외하였
으므로 하나님이 그들의 집안을
흥왕하게 하신지라
22 그러므로 바로가 그의 모든 백성
에게 명령하여 이르되 아들이 태
어나거든 너희는 그를 나일 강에
던지고 딸이거든 살려두라 하였
더라

20

21

22

2장

모세가 태어나다

1 레위 가족 중 한 사람이 가서 레
위 여자에게 장가 들어
2 그 여자가 임신하여 아들을 낳으
니 그가 잘 생긴 것을 보고 석 달
동안 그를 숨겼으나
3 더 숨길 수 없게 되매 그를 위하
여 갈대 상자를 가져다가 역청과
나무 진을 칠하고 아기를 거기 담
아 나일 강 가 갈대 사이에 두고
4 그의 누이가 어떻게 되는지를 알
려고 멀리 섰더니
5 바로의 딸이 목욕하러 나일 강으
로 내려오고 시녀들은 나일 강
가를 거닐 때에 그가 갈대 사이
의 상자를 보고 시녀를 보내어
가져다가

[2장] 모세가 태어나다

1

2

3

4

5

6 열고 그 아기를 보니 아기가 우
는지라 그가 그를 불쌍히 여겨
이르되 이는 히브리 사람의 아기
로다

7 그의 누이가 바로의 딸에게 이르
되 내가 가서 당신을 위하여 히
브리 여인 중에서 유모를 불러다
가 이 아기에게 젖을 먹이게 하
리이까

8 바로의 딸이 그에게 이르되 가라
하매 그 소녀가 가서 그 아기의
어머니를 불러오니

9 바로의 딸이 그에게 이르되 이
아기를 데려다가 나를 위하여 젖
을 먹이라 내가 그 삯을 주리라
여인이 아기를 데려다가 젖을 먹
이더니

10 그 아기가 자라매 바로의 딸에게
로 데려가니 그가 그의 아들이
되니라 그가 그의 이름을 모세라
하여 이르되 이는 내가 그를 물
에서 건져내었음이라 하였더라

모세가 미디안으로 피하다

11 모세가 장성한 후에 한번은 자
기 형제들에게 나가서 그들이 고
되게 노동하는 것을 보더니 어떤
애굽 사람이 한 히브리 사람 곧
자기 형제를 치는 것을 본지라

12 좌우를 살펴 사람이 없음을 보고
그 애굽 사람을 쳐죽여 모래 속
에 감추니라

13 이튿날 다시 나가니 두 히브리
사람이 서로 싸우는지라 그 잘못
한 사람에게 이르되 네가 어찌하
여 동포를 치느냐 하매

6

7

8

9

10

모세가 미디안으로 피하다

11

12

13

출애굽기

이스라엘의 해방

1장 1절–18장 27절

2장

14 그가 이르되 누가 너를 우리를
다스리는 자와 재판관으로 삼았
느냐 네가 애굽 사람을 죽인 것
처럼 나도 죽이려느냐 모세가 두
려워하여 이르되 일이 탄로되었
도다

15 바로가 이 일을 듣고 모세를 죽
이고자 하여 찾는지라 모세가
바로의 낯을 피하여 미디안 땅
에 머물며 하루는 우물 곁에 앉
았더라

16 미디안 제사장에게 일곱 딸이 있
었더니 그들이 와서 물을 길어
구유에 채우고 그들의 아버지의
양 떼에게 먹이려 하는데

17 목자들이 와서 그들을 쫓는지라
모세가 일어나 그들을 도와 그
양 떼에게 먹이니라

18 그들이 그들의 아버지 르우엘에
게 이를 때에 아버지가 이르되
너희가 오늘은 어찌하여 이같이
속히 돌아오느냐

19 그들이 이르되 한 애굽 사람이
우리를 목자들의 손에서 건져내
고 우리를 위하여 물을 길어 양
떼에게 먹였나이다

20 아버지가 딸들에게 이르되 그 사
람이 어디에 있느냐 너희가 어찌
하여 그 사람을 버려두고 왔느냐
그를 청하여 음식을 대접하라 하
였더라

14

15

16

17

18

19

20

2장

21 모세가 그와 동거하기를 기뻐하
매 그가 그의 딸 십보라를 모세
에게 주었더니

22 그가 아들을 낳으매 모세가 그의
이름을 게르솜이라 하여 이르되
내가 타국에서 나그네가 되었음
이라 하였더라

23 여러 해 후에 애굽 왕은 죽었고 이
스라엘 자손은 고된 노동으로 말
미암아 탄식하며 부르짖으니 그
고된 노동으로 말미암아 부르짖
는 소리가 하나님께 상달된지라

24 하나님이 그들의 고통 소리를 들
으시고 하나님이 아브라함과 이
삭과 야곱에게 세운 그의 언약을
기억하사

25 하나님이 이스라엘 자손을 돌보
셨고 하나님이 그들을 기억하셨
더라

3장

여호와께서 모세를 부르시다

1 모세가 그의 장인 미디안 제사장
이드로의 양 떼를 치더니 그 떼
를 광야 서쪽으로 인도하여 하나
님의 산 호렙에 이르매

2 여호와의 사자가 떨기나무 가운
데로부터 나오는 불꽃 안에서 그
에게 나타나시니라 그가 보니 떨
기나무에 불이 붙었으나 그 떨기
나무가 사라지지 아니하는지라

3 이에 모세가 이르되 내가 돌이켜
가서 이 큰 광경을 보리라 떨기
나무가 어찌하여 타지 아니하는
고 하니 그 때에

년 월 일

21

22

23

24

25

[3장] 여호와께서 모세를 부르시다

1

2

3

3장

4 여호와께서 그가 보려고 돌이켜
오는 것을 보신지라 하나님이 떨
기나무 가운데서 그를 불러 이르
시되 모세야 모세야 하시매 그가
이르되 내가 여기 있나이다

5 하나님이 이르시되 이리로 가까
이 오지 말라 네가 선 곳은 거룩
한 땅이니 네 발에서 신을 벗으라

6 또 이르시되 나는 네 조상의 하
나님이니 아브라함의 하나님, 이
삭의 하나님, 야곱의 하나님이니
라 모세가 하나님 뵈옵기를 두려
워하여 얼굴을 가리매

7 여호와께서 이르시되 내가 애굽
에 있는 내 백성의 고통을 분명
히 보고 그들이 그들의 감독자로
말미암아 부르짖음을 듣고 그 근
심을 알고

8 내가 내려가서 그들을 애굽인의
손에서 건져내고 그들을 그 땅
에서 인도하여 아름답고 광대한
땅, 젖과 꿀이 흐르는 땅 곧 가나
안 족속, 헷 족속, 아모리 족속,
브리스 족속, 히위 족속, 여부스
족속의 지방에 데려가려 하노라

9 이제 가라 이스라엘 자손의 부르
짖음이 내게 달하고 애굽 사람이
그들을 괴롭히는 학대도 내가 보
았으니

4

5

6

7

8

9

3장

년 월 일

10 이제 내가 너를 바로에게 보내어
너에게 내 백성 이스라엘 자손을
애굽에서 인도하여 내게 하리라
11 모세가 하나님께 아뢰되 내가 누
구이기에 바로에게 가며 이스라
엘 자손을 애굽에서 인도하여 내
리이까
12 하나님이 이르시되 내가 반드시
너와 함께 있으리라 네가 그 백
성을 애굽에서 인도하여 낸 후에
너희가 이 산에서 하나님을 섬기
리니 이것이 내가 너를 보낸 증
거니라
13 모세가 하나님께 아뢰되 내가 이
스라엘 자손에게 가서 이르기를
너희의 조상의 하나님이 나를 너
희에게 보내셨다 하면 그들이 내
게 묻기를 그의 이름이 무엇이냐
하리니 내가 무엇이라고 그들에
게 말하리이까
14 하나님이 모세에게 이르시되 나
는 스스로 있는 자이니라 또 이
르시되 너는 이스라엘 자손에게
이같이 이르기를 스스로 있는 자
가 나를 너희에게 보내셨다 하라
15 하나님이 또 모세에게 이르시되
너는 이스라엘 자손에게 이같이
이르기를 너희 조상의 하나님 여
호와 곧 아브라함의 하나님, 이
삭의 하나님, 야곱의 하나님께서
나를 너희에게 보내셨다 하라 이
는 나의 영원한 이름이요 대대로
기억할 나의 칭호니라

10

11

12

13

14

15

∷ 이스라엘의 해방

1장 1절—18장 27절

3장

16 너는 가서 이스라엘의 장로들을
모으고 그들에게 이르기를 여호
와 너희 조상의 하나님 곧 아브
라함과 이삭과 야곱의 하나님이
내게 나타나 이르시되 내가 너희
를 돌보아 너희가 애굽에서 당한
일을 확실히 보았노라
17 내가 말하였거니와 내가 너희를
애굽의 고난 중에서 인도하여 내
어 젖과 꿀이 흐르는 땅 곧 가나
안 족속, 헷 족속, 아모리 족속,
브리스 족속, 히위 족속, 여부스
족속의 땅으로 올라가게 하리라
하셨다 하면
18 그들이 네 말을 들으리니 너는 그
들의 장로들과 함께 애굽 왕에게
이르기를 히브리 사람의 하나님
여호와께서 우리에게 임하셨은
즉 우리가 우리 하나님 여호와께
제사를 드리려 하오니 사흘길쯤
광야로 가도록 허락하소서 하라
19 내가 아노니 강한 손으로 치기
전에는 애굽 왕이 너희가 가도록
허락하지 아니하다가
20 내가 내 손을 들어 애굽 중에 여
러 가지 이적으로 그 나라를 친
후에야 그가 너희를 보내리라
21 내가 애굽 사람으로 이 백성에
게 은혜를 입히게 할지라 너희
가 나갈 때에 빈손으로 가지 아
니하리니

3장

22 여인들은 모두 그 이웃 사람과 및
자기 집에 거류하는 여인에게 은
패물과 금 패물과 의복을 구하여
너희의 자녀를 꾸미라 너희는 애
굽 사람들의 물품을 취하리라

4장

여호와께서 모세에게 능력을 주시다

1 모세가 대답하여 이르되 그러나
그들이 나를 믿지 아니하며 내
말을 듣지 아니하고 이르기를 여
호와께서 네게 나타나지 아니하
셨다 하리이다

2 여호와께서 그에게 이르시되 네
손에 있는 것이 무엇이냐 그가
이르되 지팡이니이다

3 여호와께서 이르시되 그것을 땅
에 던지라 하시매 곧 땅에 던지
니 그것이 뱀이 된지라 모세가
뱀 앞에서 피하매

4 여호와께서 모세에게 이르시되
네 손을 내밀어 그 꼬리를 잡으
라 그가 손을 내밀어 그것을 잡
으니 그의 손에서 지팡이가 된
지라

5 이는 그들에게 그들의 조상의 하
나님 곧 아브라함의 하나님, 이
삭의 하나님, 야곱의 하나님 여
호와가 네게 나타난 줄을 믿게
하려 함이라 하시고

6 여호와께서 또 그에게 이르시되
네 손을 품에 넣으라 하시매 그
가 손을 품에 넣었다가 내어보니
그의 손에 나병이 생겨 눈 같이
된지라

년 월 일

22

[4장] 여호와께서 모세에게 능력을 주시다

1

2

3

4

5

6

이스라엘의 해방

1장 1절—18장 27절

4장

7 이르시되 네 손을 다시 품에 넣
으라 하시매 그가 다시 손을 품
에 넣었다가 내어보니 그의 손이
본래의 살로 되돌아왔더라
8 여호와께서 이르시되 만일 그들
이 너를 믿지 아니하며 그 처음
표적의 표징을 받지 아니하여도
나중 표적의 표징은 믿으리라
9 그들이 이 두 이적을 믿지 아니
하며 네 말을 듣지 아니하거든
너는 나일 강 물을 조금 떠다가
땅에 부으라 네가 떠온 나일 강
물이 땅에서 피가 되리라
10 모세가 여호와께 아뢰되 오 주여
나는 본래 말을 잘 하지 못하는
자니이다 주께서 주의 종에게 명
령하신 후에도 역시 그러하니 나
는 입이 뻣뻣하고 혀가 둔한 자
니이다
11 여호와께서 그에게 이르시되 누
가 사람의 입을 지었느냐 누가
말 못 하는 자나 못 듣는 자나 눈
밝은 자나 맹인이 되게 하였느냐
나 여호와가 아니냐
12 이제 가라 내가 네 입과 함께 있
어서 할 말을 가르치리라
13 모세가 이르되 오 주여 보낼 만
한 자를 보내소서

7

8

9

10

11

12

13

14 여호와께서 모세를 향하여 노하
여 이르시되 레위 사람 네 형 아
론이 있지 아니하냐 그가 말 잘
하는 것을 내가 아노라 그가 너
를 만나러 나오나니 그가 너를
볼 때에 그의 마음에 기쁨이 있
을 것이라

15 너는 그에게 말하고 그의 입에
할 말을 주라 내가 네 입과 그의
입에 함께 있어서 너희들이 행할
일을 가르치리라

16 그가 너를 대신하여 백성에게 말
할 것이니 그는 네 입을 대신할
것이요 너는 그에게 하나님 같이
되리라

17 너는 이 지팡이를 손에 잡고 이
것으로 이적을 행할지니라

모세가 애굽으로 돌아가다

18 모세가 그의 장인 이드로에게로
돌아가서 그에게 이르되 내가 애
굽에 있는 내 형제들에게로 돌아
가서 그들이 아직 살아 있는지
알아보려 하오니 나로 가게 하소
서 이드로가 모세에게 평안히 가
라 하니라

19 여호와께서 미디안에서 모세에
게 이르시되 애굽으로 돌아가라
네 목숨을 노리던 자가 다 죽었
느니라

20 모세가 그의 아내와 아들들을 나
귀에 태우고 애굽으로 돌아가는
데 모세가 하나님의 지팡이를 손
에 잡았더라

14

15

16

17

모세가 애굽으로 돌아가다

18

19

20

EXODUS

∷ 이스라엘의 해방

1장 1절–18장 27절

4장

21 여호와께서 모세에게 이르시되
네가 애굽으로 돌아가거든 내가
네 손에 준 이적을 바로 앞에서
다 행하라 그러나 내가 그의 마
음을 완악하게 한즉 그가 백성을
보내 주지 아니하리니
22 너는 바로에게 이르기를 여호와
의 말씀에 이스라엘은 내 아들
내 장자라
23 내가 네게 이르기를 내 아들을
보내 주어 나를 섬기게 하라 하
여도 네가 보내 주기를 거절하니
내가 네 아들 네 장자를 죽이리
라 하셨다 하라 하시니라
24 모세가 길을 가다가 숙소에 있을
때에 여호와께서 그를 만나사 그
를 죽이려 하신지라
25 십보라가 돌칼을 가져다가 그의
아들의 포피를 베어 그의 발에
갖다 대며 이르되 당신은 참으로
내게 피 남편이로다 하니
26 여호와께서 그를 놓아 주시니라
그 때에 십보라가 피 남편이라
함은 할례 때문이었더라
27 여호와께서 아론에게 이르시되
광야에 가서 모세를 맞으라 하시
매 그가 가서 하나님의 산에서
모세를 만나 그에게 입맞추니

21

22

23

24

25

26

27

4장

28 모세가 여호와께서 자기에게 분
부하여 보내신 모든 말씀과 여호
와께서 자기에게 명령하신 모든
이적을 아론에게 알리니라

29 모세와 아론이 가서 이스라엘 자
손의 모든 장로를 모으고

30 아론이 여호와께서 모세에게 이
르신 모든 말씀을 전하고 그 백
성 앞에서 이적을 행하니

31 백성이 믿으며 여호와께서 이스
라엘 자손을 찾으시고 그들의 고
난을 살피셨다 함을 듣고 머리
숙여 경배하였더라

5장

모세와 아론이 바로 앞에 서다

1 그 후에 모세와 아론이 바로에게
가서 이르되 이스라엘의 하나님
여호와께서 이렇게 말씀하시기
를 내 백성을 보내라 그러면 그
들이 광야에서 내 앞에 절기를
지킬 것이니라 하셨나이다

2 바로가 이르되 여호와가 누구이
기에 내가 그의 목소리를 듣고
이스라엘을 보내겠느냐 나는 여
호와를 알지 못하니 이스라엘을
보내지 아니하리라

3 그들이 이르되 히브리인의 하나
님이 우리에게 나타나셨은즉 우
리가 광야로 사흘길쯤 가서 우리
하나님 여호와께 제사를 드리려
하오니 가도록 허락하소서 여호
와께서 전염병이나 칼로 우리를
치실까 두려워하나이다

년 월 일

28

29

30

31

[5장] 모세와 아론이 바로 앞에 서다

1

2

3

이스라엘의 해방
1장 1절—18장 27절

5장

4 애굽 왕이 그들에게 이르되 모세
와 아론아 너희가 어찌하여 백성
의 노역을 쉬게 하려느냐 가서
너희의 노역이나 하라
5 바로가 또 이르되 이제 이 땅의
백성이 많아졌거늘 너희가 그들
로 노역을 쉬게 하는도다 하고
6 바로가 그 날에 백성의 감독들과
기록원들에게 명령하여 이르되
7 너희는 백성에게 다시는 벽돌에
쓸 짚을 전과 같이 주지 말고 그
들이 가서 스스로 짚을 줍게 하라
8 또 그들이 전에 만든 벽돌 수효
대로 그들에게 만들게 하고 감하
지 말라 그들이 게으르므로 소리
질러 이르기를 우리가 가서 우리
하나님께 제사를 드리자 하나니
9 그 사람들의 노동을 무겁게 함으
로 수고롭게 하여 그들로 거짓말
을 듣지 않게 하라
10 백성의 감독들과 기록원들이 나
가서 백성에게 말하여 이르되 바
로가 이렇게 말하기를 내가 너희
에게 짚을 주지 아니하리니
11 너희는 짚을 찾을 곳으로 가서
주우라 그러나 너희 일은 조금도
감하지 아니하리라 하셨느니라
12 백성이 애굽 온 땅에 흩어져 곡
초 그루터기를 거두어다가 짚을
대신하니

4

5

6

7

8

9

10

11

12

13 감독들이 그들을 독촉하여 이
르되 너희는 짚이 있을 때와 같
이 그 날의 일을 그 날에 마치라
하며

14 바로의 감독들이 자기들이 세운
바 이스라엘 자손의 기록원들을
때리며 이르되 너희가 어찌하여
어제와 오늘에 만드는 벽돌의 수
효를 전과 같이 채우지 아니하였
느냐 하니라

15 이스라엘 자손의 기록원들이 가
서 바로에게 호소하여 이르되 왕
은 어찌하여 당신의 종들에게 이
같이 하시나이까

16 당신의 종들에게 짚을 주지 아니
하고 그들이 우리에게 벽돌을 만
들라 하나이다 당신의 종들이 매
를 맞사오니 이는 당신의 백성의
죄니이다

17 바로가 이르되 너희가 게으르다
게으르다 그러므로 너희가 이르
기를 우리가 가서 여호와께 제사
를 드리자 하는도다

18 이제 가서 일하라 짚은 너희에게
주지 않을지라도 벽돌은 너희가
수량대로 바칠지니라

19 기록하는 일을 맡은 이스라엘 자
손들이 너희가 매일 만드는 벽돌
을 조금도 감하지 못하리라 함을
듣고 화가 몸에 미친 줄 알고

20 그들이 바로를 떠나 나올 때에
모세와 아론이 길에 서 있는 것
을 보고

13

14

15

16

17

18

19

20

∷ 이스라엘의 해방

1장 1절—18장 27절

5장

21 그들에게 이르되 너희가 우리를
바로의 눈과 그의 신하의 눈에
미운 것이 되게 하고 그들의 손
에 칼을 주어 우리를 죽이게 하
는도다 여호와는 너희를 살피시
고 판단하시기를 원하노라

모세가 여호와께 아뢰다

22 모세가 여호와께 돌아와서 아뢰
되 주여 어찌하여 이 백성이 학
대를 당하게 하셨나이까 어찌하
여 나를 보내셨나이까
23 내가 바로에게 들어가서 주의 이
름으로 말한 후로부터 그가 이
백성을 더 학대하며 주께서도 주
의 백성을 구원하지 아니하시나
이다

6장

1 여호와께서 모세에게 이르시되
이제 내가 바로에게 하는 일을
네가 보리라 강한 손으로 말미암
아 바로가 그들을 보내리라 강한
손으로 말미암아 바로가 그들을
그의 땅에서 쫓아내리라

하나님이 모세를 부르시다

2 하나님이 모세에게 말씀하여 이
르시되 나는 여호와이니라

21

모세가 여호와께 아뢰다

22

23

[6장]

1

하나님이 모세를 부르시다

2

6장

년 월 일

3 내가 아브라함과 이삭과 야곱에
게 전능의 하나님으로 나타났으
나 나의 이름을 여호와로는 그들
에게 알리지 아니하였고

4 가나안 땅 곧 그들이 거류하는
땅을 그들에게 주기로 그들과 언
약하였더니

5 이제 애굽 사람이 종으로 삼은
이스라엘 자손의 신음 소리를 내
가 듣고 나의 언약을 기억하노라

6 그러므로 이스라엘 자손에게 말
하기를 나는 여호와라 내가 애굽
사람의 무거운 짐 밑에서 너희를
빼내며 그들의 노역에서 너희를
건지며 편 팔과 여러 큰 심판들
로써 너희를 속량하여

7 너희를 내 백성으로 삼고 나는
너희의 하나님이 되리니 나는 애
굽 사람의 무거운 짐 밑에서 너
희를 빼낸 너희의 하나님 여호와
인 줄 너희가 알지라

8 내가 아브라함과 이삭과 야곱에
게 주기로 맹세한 땅으로 너희를
인도하고 그 땅을 너희에게 주어
기업을 삼게 하리라 나는 여호와
라 하셨다 하라

9 모세가 이와 같이 이스라엘 자손
에게 전하나 그들이 마음의 상함
과 가혹한 노역으로 말미암아 모
세의 말을 듣지 아니하였더라

10 여호와께서 모세에게 말씀하여
이르시되

11 들어가서 애굽 왕 바로에게 말하
여 이스라엘 자손을 그 땅에서
내보내게 하라

3

4

5

6

7

8

9

10

11

출애굽기

이스라엘의 해방

1장 1절—18장 27절

6장

12 모세가 여호와 앞에 아뢰어 이르
되 이스라엘 자손도 내 말을 듣지
아니하였거든 바로가 어찌 들으
리이까 나는 입이 둔한 자니이다
13 여호와께서 모세와 아론에게 말
씀하사 그들로 이스라엘 자손과
애굽 왕 바로에게 명령을 전하고
이스라엘 자손을 애굽 땅에서 인
도하여 내게 하시니라

모세와 아론의 조상

14 그들의 조상을 따라 집의 어른은
이러하니라 이스라엘의 장자 르
우벤의 아들은 하녹과 발루와 헤
스론과 갈미니 이들은 르우벤의
족장이요
15 시므온의 아들들은 여무엘과 야
민과 오핫과 야긴과 소할과 가나
안 여인의 아들 사울이니 이들은
시므온의 가족이요
16 레위의 아들들의 이름은 그들의
족보대로 이러하니 게르손과 고
핫과 므라리요 레위의 나이는 백
삼십칠 세였으며
17 게르손의 아들들은 그들의 가족
대로 립니와 시므이요
18 고핫의 아들들은 아므람과 이스
할과 헤브론과 웃시엘이요 고핫
의 나이는 백삼십삼 세였으며

12

13

모세와 아론의 조상

14

15

16

17

18

년 월 일

19 므라리의 아들들은 마흘리와 무
시니 이들은 그들의 족보대로 레
위의 족장이요
20 아므람은 그들의 아버지의 누이
요게벳을 아내로 맞이하였고 그
는 아론과 모세를 낳았으며 아므
람의 나이는 백삼십칠 세였으며
21 이스할의 아들들은 고라와 네벡
과 시그리요
22 웃시엘의 아들들은 미사엘과 엘
사반과 시드리요
23 아론은 암미나답의 딸 나손의 누
이 엘리세바를 아내로 맞이하였
고 그는 나답과 아비후와 엘르아
살과 이다말을 낳았으며
24 고라의 아들들은 앗실과 엘가나
와 아비아삽이니 이들은 고라 사
람의 족장이요
25 아론의 아들 엘르아살은 부디엘
의 딸 중에서 아내를 맞이하였고
그는 비느하스를 낳았으니 이들
은 레위 사람의 조상을 따라 가
족의 어른들이라
26 이스라엘 자손을 그들의 군대대
로 애굽 땅에서 인도하라 하신
여호와의 명령을 받은 자는 이
아론과 모세요
27 애굽 왕 바로에게 이스라엘 자손
을 애굽에서 내보내라 말한 사람
도 이 모세와 아론이었더라

여호와께서 모세와 아론에게 명령하시다

28 여호와께서 애굽 땅에서 모세에
게 말씀하시던 날에

19

20

21

22

23

24

25

26

27

여호와께서 모세와 아론에게 명령하시다

28

출애굽기

이스라엘의 해방

1장 1절—18장 27절

6장

29 여호와께서 모세에게 말씀하여 이르시되 나는 여호와라 내가 네게 이르는 바를 너는 애굽 왕 바로에게 다 말하라

30 모세가 여호와 앞에서 아뢰되 나는 입이 둔한 자이오니 바로가 어찌 나의 말을 들으리이까

7장

1 여호와께서 모세에게 이르시되 볼지어다 내가 너를 바로에게 신 같이 되게 하였은즉 네 형 아론은 네 대언자가 되리니

2 내가 네게 명령한 바를 너는 네 형 아론에게 말하고 그는 바로에게 말하여 그에게 이스라엘 자손을 그 땅에서 내보내게 할지니라

3 내가 바로의 마음을 완악하게 하고 내 표징과 내 이적을 애굽 땅에서 많이 행할 것이나

4 바로가 너희의 말을 듣지 아니할 터인즉 내가 내 손을 애굽에 뻗쳐 여러 큰 심판을 내리고 내 군대, 내 백성 이스라엘 자손을 그 땅에서 인도하여 낼지라

5 내가 내 손을 애굽 위에 펴서 이스라엘 자손을 그 땅에서 인도하여 낼 때에야 애굽 사람이 나를 여호와인 줄 알리라 하시매

29

30

[7장]

1

2

3

4

5

6 모세와 아론이 여호와께서 자
기들에게 명령하신 대로 행하
였더라

7 그들이 바로에게 말할 때에 모세
는 팔십 세였고 아론은 팔십삼
세였더라

뱀이 된 아론의 지팡이

8 여호와께서 모세와 아론에게 말
씀하여 이르시되

9 바로가 너희에게 이르기를 너희
는 이적을 보이라 하거든 너는
아론에게 말하기를 너의 지팡이
를 들어서 바로 앞에 던지라 하
라 그것이 뱀이 되리라

10 모세와 아론이 바로에게 가서 여
호와께서 명령하신 대로 행하여
아론이 바로와 그의 신하 앞에
지팡이를 던지니 뱀이 된지라

11 바로도 현인들과 마술사들을 부
르매 그 애굽 요술사들도 그들의
요술로 그와 같이 행하되

12 각 사람이 지팡이를 던지매 뱀이
되었으나 아론의 지팡이가 그들
의 지팡이를 삼키니라

13 그러나 바로의 마음이 완악하여
그들의 말을 듣지 아니하니 여호
와의 말씀과 같더라

첫째 재앙: 물이 피가 되다

14 여호와께서 모세에게 이르시되
바로의 마음이 완강하여 백성 보
내기를 거절하는도다

년 월 일

6

7

뱀이 된 아론의 지팡이

8

9

10

11

12

13

첫째 재앙: 물이 피가 되다

14

이스라엘의 해방

1장 1절—18장 27절

7장

15 아침에 너는 바로에게로 가라 보
라 그가 물 있는 곳으로 나오리
니 너는 나일 강 가에 서서 그를
맞으며 그 뱀 되었던 지팡이를
손에 잡고

16 그에게 이르기를 히브리 사람의
하나님 여호와께서 나를 왕에게
보내어 이르시되 내 백성을 보내
라 그러면 그들이 광야에서 나를
섬길 것이니라 하였으나 이제까
지 네가 듣지 아니하도다

17 여호와가 이같이 이르노니 네가
이로 말미암아 나를 여호와인 줄
알리라 볼지어다 내가 내 손의
지팡이로 나일 강을 치면 그것이
피로 변하고

18 나일 강의 고기가 죽고 그 물에서는
악취가 나리니 애굽 사람들이 그
강 물 마시기를 싫어하리라 하라

19 여호와께서 또 모세에게 이르시
되 아론에게 명령하기를 네 지팡
이를 잡고 네 팔을 애굽의 물들
과 강들과 운하와 못과 모든 호
수 위에 내밀라 하라 그것들이
피가 되리니 애굽 온 땅과 나무
그릇과 돌 그릇 안에 모두 피가
있으리라

20 모세와 아론이 여호와께서 명령
하신 대로 행하여 바로와 그의
신하의 목전에서 지팡이를 들어
나일 강을 치니 그 물이 다 피로
변하고

15

16

17

18

19

20

7장

21 나일 강의 고기가 죽고 그 물에
서는 악취가 나니 애굽 사람들이
나일 강 물을 마시지 못하며 애
굽 온 땅에는 피가 있으나
22 애굽 요술사들도 자기들의 요술
로 그와 같이 행하므로 바로의
마음이 완악하여 그들의 말을 듣
지 아니하니 여호와의 말씀과 같
더라
23 바로가 돌이켜 궁으로 들어가고
그 일에 관심을 가지지도 아니하
였고
24 애굽 사람들은 나일 강 물을 마
실 수 없으므로 나일 강 가를 두
루 파서 마실 물을 구하였더라
25 여호와께서 나일 강을 치신 후
이레가 지나니라

8장

둘째 재앙: 개구리가 올라오다

1 여호와께서 모세에게 이르시되
너는 바로에게 가서 그에게 이
르기를 여호와의 말씀에 내 백
성을 보내라 그들이 나를 섬길
것이니라
2 네가 만일 보내기를 거절하면 내
가 개구리로 너의 온 땅을 치리라
3 개구리가 나일 강에서 무수히 생
기고 올라와서 네 궁과 네 침실
과 네 침상 위와 네 신하의 집과
네 백성과 네 화덕과 네 떡 반죽
그릇에 들어갈 것이며
4 개구리가 너와 네 백성과 네 모
든 신하에게 기어오르리라 하셨
다 하라

년 월 일

21

22

23

24

25

[8장] 둘째 재앙: 개구리가 올라오다

1

2

3

4

출애굽기

이스라엘의 해방

1장 1절—18장 27절

8장

5 여호와께서 모세에게 이르시되
아론에게 명령하기를 네 지팡이
를 잡고 네 팔을 강들과 운하들
과 못 위에 펴서 개구리들이 애
굽 땅에 올라오게 하라 할지니라
6 아론이 애굽 물들 위에 그의 손
을 내밀매 개구리가 올라와서 애
굽 땅에 덮이니
7 요술사들도 자기 요술대로 그와
같이 행하여 개구리가 애굽 땅에
올라오게 하였더라
8 바로가 모세와 아론을 불러 이르
되 여호와께 구하여 나와 내 백
성에게서 개구리를 떠나게 하라
내가 이 백성을 보내리니 그들이
여호와께 제사를 드릴 것이니라
9 모세가 바로에게 이르되 내가 왕
과 왕의 신하와 왕의 백성을 위
하여 이 개구리를 왕과 왕궁에서
끊어 나일 강에만 있도록 언제
간구하는 것이 좋을는지 내게 분
부하소서
10 그가 이르되 내일이니라 모세가
이르되 왕의 말씀대로 하여 왕
에게 우리 하나님 여호와와 같은
이가 없는 줄을 알게 하리니
11 개구리가 왕과 왕궁과 왕의 신하
와 왕의 백성을 떠나서 나일 강
에만 있으리이다 하고

5

6

7

8

9

10

11

년 월 일

12 모세와 아론이 바로를 떠나 나가
서 바로에게 내리신 개구리에 대
하여 모세가 여호와께 간구하매

13 여호와께서 모세의 말대로 하시
니 개구리가 집과 마당과 밭에서
부터 나와서 죽은지라

14 사람들이 모아 무더기로 쌓으니
땅에서 악취가 나더라

15 그러나 바로가 숨을 쉴 수 있게
됨을 보았을 때에 그의 마음을
완강하게 하여 그들의 말을 듣지
아니하였으니 여호와께서 말씀
하신 것과 같더라

12

13

14

15

셋째 재앙: 티끌이 이가 되다

16 여호와께서 모세에게 이르시되
아론에게 명령하기를 네 지팡이
를 들어 땅의 티끌을 치라 하라
그것이 애굽 온 땅에서 이가 되
리라

17 그들이 그대로 행할새 아론이 지
팡이를 잡고 손을 들어 땅의 티
끌을 치매 애굽 온 땅의 티끌이
다 이가 되어 사람과 가축에게
오르니

18 요술사들도 자기 요술로 그같이
행하여 이를 생기게 하려 하였으
나 못 하였고 이가 사람과 가축
에게 생긴지라

19 요술사가 바로에게 말하되 이는
하나님의 권능이니이다 하였으
나 바로의 마음이 완악하게 되어
그들의 말을 듣지 아니하였으니
여호와의 말씀과 같더라

셋째 재앙: 티끌이 이가 되다

16

17

18

19

:: 이스라엘의 해방

1장 1절—18장 27절

8장

넷째 재앙: 파리가 가득하다

20 여호와께서 모세에게 이르시되
아침에 일찍이 일어나 바로 앞
에 서라 그가 물 있는 곳으로 나
오리니 그에게 이르기를 여호와
께서 이와 같이 말씀하시기를 내
백성을 보내라 그러면 그들이 나
를 섬길 것이니라
21 네가 만일 내 백성을 보내지 아
니하면 내가 너와 네 신하와 네
백성과 네 집들에 파리 떼를 보
내리니 애굽 사람의 집집에 파리
떼가 가득할 것이며 그들이 사는
땅에도 그러하리라
22 그 날에 나는 내 백성이 거주하
는 고센 땅을 구별하여 그 곳에
는 파리가 없게 하리니 이로 말
미암아 이 땅에서 내가 여호와인
줄을 네가 알게 될 것이라
23 내가 내 백성과 네 백성 사이를
구별하리니 내일 이 표징이 있으
리라 하셨다 하라 하시고
24 여호와께서 그와 같이 하시니 무
수한 파리가 바로의 궁과 그의
신하의 집과 애굽 온 땅에 이르
니 파리로 말미암아 그 땅이 황
폐하였더라
25 바로가 모세와 아론을 불러 이르
되 너희는 가서 이 땅에서 너희
하나님께 제사를 드리라

넷째 재앙: 파리가 가득하다

20

21

22

23

24

25

8장

26 모세가 이르되 그리함은 부당하
니이다 우리가 우리 하나님 여호
와께 제사를 드리는 것은 애굽 사
람이 싫어하는 바인즉 우리가 만
일 애굽 사람의 목전에서 제사를
드리면 그들이 그것을 미워하여
우리를 돌로 치지 아니하리이까
27 우리가 사흘길쯤 광야로 들어가
서 우리 하나님 여호와께 제사를
드리되 우리에게 명령하시는 대
로 하려 하나이다
28 바로가 이르되 내가 너희를 보
내리니 너희가 너희의 하나님
여호와께 광야에서 제사를 드릴
것이나 너무 멀리 가지는 말라
그런즉 너희는 나를 위하여 간
구하라
29 모세가 이르되 내가 왕을 떠나가
서 여호와께 간구하리니 내일이
면 파리 떼가 바로와 바로의 신
하와 바로의 백성을 떠나려니와
바로는 이 백성을 보내어 여호와
께 제사를 드리는 일에 다시 거
짓을 행하지 마소서 하고
30 모세가 바로를 떠나 나와서 여호
와께 간구하니
31 여호와께서 모세의 말대로 하시
니 그 파리 떼가 바로와 그의 신
하와 그의 백성에게서 떠나니 하
나도 남지 아니하였더라
32 그러나 바로가 이 때에도 그의
마음을 완강하게 하여 그 백성을
보내지 아니하였더라

년 월 일

26

27

28

29

30

31

32

이스라엘의 해방

1장 1절–18장 27절

9장

다섯째 재앙: 가축의 죽음

1 여호와께서 모세에게 이르시되 바로에게 들어가서 그에게 이르라 히브리 사람의 하나님 여호와께서 말씀하시기를 내 백성을 보내라 그들이 나를 섬길 것이니라

2 네가 만일 보내기를 거절하고 억지로 잡아두면

3 여호와의 손이 들에 있는 네 가축 곧 말과 나귀와 낙타와 소와 양에게 더하리니 심한 돌림병이 있을 것이며

4 여호와가 이스라엘의 가축과 애굽의 가축을 구별하리니 이스라엘 자손에게 속한 것은 하나도 죽지 아니하리라 하셨다 하라 하시고

5 여호와께서 기한을 정하여 이르시되 여호와가 내일 이 땅에서 이 일을 행하리라 하시더니

6 이튿날에 여호와께서 이 일을 행하시니 애굽의 모든 가축은 죽었으나 이스라엘 자손의 가축은 하나도 죽지 아니한지라

7 바로가 사람을 보내어 본즉 이스라엘의 가축은 하나도 죽지 아니하였더라 그러나 바로의 마음이 완강하여 백성을 보내지 아니하니라

[9장] 다섯째 재앙: 가축의 죽음

1

2

3

4

5

6

7

9장

여섯째 재앙: 악성 종기가 생기다

8 여호와께서 모세와 아론에게 이
르시되 너희는 화덕의 재 두 움
큼을 가지고 모세가 바로의 목전
에서 하늘을 향하여 날리라

9 그 재가 애굽 온 땅의 티끌이 되
어 애굽 온 땅의 사람과 짐승에
게 붙어서 악성 종기가 생기리라

10 그들이 화덕의 재를 가지고 바로
앞에 서서 모세가 하늘을 향하여
날리니 사람과 짐승에게 붙어 악
성 종기가 생기고

11 요술사들도 악성 종기로 말미암
아 모세 앞에 서지 못하니 악성
종기가 요술사들로부터 애굽 모
든 사람에게 생겼음이라

12 그러나 여호와께서 바로의 마
음을 완악하게 하셨으므로 그
들의 말을 듣지 아니하였으니
여호와께서 모세에게 말씀하심
과 같더라

일곱째 재앙: 우박이 내리다

13 여호와께서 모세에게 이르시되
아침에 일찍이 일어나 바로 앞에
서서 그에게 이르기를 히브리 사
람의 하나님 여호와의 말씀에 내
백성을 보내라 그들이 나를 섬길
것이니라

14 내가 이번에는 모든 재앙을 너와
네 신하와 네 백성에게 내려 온
천하에 나와 같은 자가 없음을
네가 알게 하리라

15 내가 손을 펴서 돌림병으로 너와
네 백성을 쳤더라면 네가 세상에
서 끊어졌을 것이나

년 월 일

여섯째 재앙: 악성 종기가 생기다

8

9

10

11

12

일곱째 재앙: 우박을 내리다

13

14

15

출애굽기

■ 이스라엘의 해방

1장 1절–18장 27절

9장

16 내가 너를 세웠음은 나의 능력을
네게 보이고 내 이름이 온 천하
에 전파되게 하려 하였음이니라
17 네가 여전히 내 백성 앞에 교만
하여 그들을 보내지 아니하느냐
18 내일 이맘때면 내가 무거운 우박
을 내리리니 애굽 나라가 세워진
그 날로부터 지금까지 그와 같은
일이 없었더라
19 이제 사람을 보내어 네 가축과 네
들에 있는 것을 다 모으라 사람이
나 짐승이나 무릇 들에 있어서 집
에 돌아오지 않는 것들에게는 우
박이 그 위에 내리리니 그것들이
죽으리라 하셨다 하라 하시니라
20 바로의 신하 중에 여호와의 말씀
을 두려워하는 자들은 그 종들과
가축을 집으로 피하여 들였으나
21 여호와의 말씀을 마음에 두지 아
니하는 사람은 그의 종들과 가축
을 들에 그대로 두었더라
22 여호와께서 모세에게 이르시되
너는 하늘을 향하여 손을 들어
애굽 전국에 우박이 애굽 땅의
사람과 짐승과 밭의 모든 채소에
내리게 하라
23 모세가 하늘을 향하여 지팡이를
들매 여호와께서 우렛소리와 우
박을 보내시고 불을 내려 땅에
달리게 하시니라 여호와께서 우
박을 애굽 땅에 내리시매

16

17

18

19

20

21

22

23

24 우박이 내림과 불덩이가 우박에
섞여 내림이 심히 맹렬하니 나라
가 생긴 그 때로부터 애굽 온 땅
에는 그와 같은 일이 없었더라
25 우박이 애굽 온 땅에서 사람과
짐승을 막론하고 밭에 있는 모든
것을 쳤으며 우박이 또 밭의 모
든 채소를 치고 들의 모든 나무
를 꺾었으되
26 이스라엘 자손들이 있는 그 곳
고센 땅에는 우박이 없었더라
27 바로가 사람을 보내어 모세와 아
론을 불러 그들에게 이르되 이번
은 내가 범죄하였노라 여호와는
의로우시고 나와 나의 백성은 악
하도다
28 여호와께 구하여 이 우렛소리와
우박을 그만 그치게 하라 내가
너희를 보내리니 너희가 다시는
머물지 아니하리라
29 모세가 그에게 이르되 내가 성
에서 나가서 곧 내 손을 여호와
를 향하여 펴리니 그리하면 우렛
소리가 그치고 우박이 다시 있지
아니할지라 세상이 여호와께 속
한 줄을 왕이 알리이다
30 그러나 왕과 왕의 신하들이 여호
와 하나님을 아직도 두려워하지
아니할 줄을 내가 아나이다
31 그 때에 보리는 이삭이 나왔고
삼은 꽃이 피었으므로 삼과 보리
가 상하였으나
32 그러나 밀과 쌀보리는 자라지 아
니한 고로 상하지 아니하였더라

24

25

26

27

28

29

30

31

32

이스라엘의 해방

1장 1절—18장 27절

9장

33 모세가 바로를 떠나 성에서 나가
여호와를 향하여 손을 펴매 우렛
소리와 우박이 그치고 비가 땅에
내리지 아니하니라

34 바로가 비와 우박과 우렛소리가
그친 것을 보고 다시 범죄하여
마음을 완악하게 하니 그와 그의
신하가 꼭 같더라

35 바로의 마음이 완악하여 이스라
엘 자손을 내보내지 아니하였으
니 여호와께서 모세에게 말씀하
심과 같더라

33

34

35

10장

여덟째 재앙: 메뚜기가 땅을 덮다

1 여호와께서 모세에게 이르시되
바로에게로 들어가라 내가 그의
마음과 그의 신하들의 마음을 완
강하게 함은 나의 표징을 그들
중에 보이기 위함이며

2 네게 내가 애굽에서 행한 일들
곧 내가 그들 가운데에서 행한
표징을 네 아들과 네 자손의 귀
에 전하기 위함이라 너희는 내가
여호와인 줄을 알리라

3 모세와 아론이 바로에게 들어가
서 그에게 이르되 히브리 사람의
하나님 여호와께서 말씀하시기
를 네가 어느 때까지 내 앞에 겸
비하지 아니하겠느냐 내 백성을
보내라 그들이 나를 섬길 것이라

[10장] 여덟째 재앙: 메뚜기가 땅을 덮다

1

2

3

4 네가 만일 내 백성 보내기를 거
절하면 내일 내가 메뚜기를 네
경내에 들어가게 하리니

5 메뚜기가 지면을 덮어서 사람이
땅을 볼 수 없을 것이라 메뚜기
가 네게 남은 그것 곧 우박을 면
하고 남은 것을 먹으며 너희를
위하여 들에서 자라나는 모든 나
무를 먹을 것이며

6 또 네 집들과 네 모든 신하의 집
들과 모든 애굽 사람의 집들에
가득하리니 이는 네 아버지와 네
조상이 이 땅에 있었던 그 날로
부터 오늘까지 보지 못하였던 것
이리라 하셨다 하고 돌이켜 바로
에게서 나오니

7 바로의 신하들이 그에게 말하되
어느 때까지 이 사람이 우리의
함정이 되리이까 그 사람들을
보내어 그들의 하나님 여호와를
섬기게 하소서 왕은 아직도 애
굽이 망한 줄을 알지 못하시나
이까 하고

8 모세와 아론을 바로에게로 다시
데려오니 바로가 그들에게 이르
되 가서 너희의 하나님 여호와를
섬기라 갈 자는 누구 누구냐

9 모세가 이르되 우리가 여호와 앞
에 절기를 지킬 것인즉 우리가
남녀 노소와 양과 소를 데리고
가겠나이다

10 바로가 그들에게 이르되 내가 너
희와 너희의 어린 아이들을 보내
면 여호와가 너희와 함께 함과
같으니라 보라 그것이 너희에게
는 나쁜 것이니라

4

5

6

7

8

9

10

출애굽기

이스라엘의 해방

1장 1절–18장 27절

10장

11 그렇게 하지 말고 너희 장정만
가서 여호와를 섬기라 이것이 너
희가 구하는 바니라 이에 그들이
바로 앞에서 쫓겨나니라
12 여호와께서 모세에게 이르시되
애굽 땅 위에 네 손을 내밀어 메
뚜기를 애굽 땅에 올라오게 하여
우박에 상하지 아니한 밭의 모든
채소를 먹게 하라
13 모세가 애굽 땅 위에 그 지팡이
를 들매 여호와께서 동풍을 일으
켜 온 낮과 온 밤에 불게 하시니
아침이 되매 동풍이 메뚜기를 불
어 들인지라
14 메뚜기가 애굽 온 땅에 이르러
그 사방에 내리매 그 피해가 심
하니 이런 메뚜기는 전에도 없었
고 후에도 없을 것이라
15 메뚜기가 온 땅을 덮어 땅이 어
둡게 되었으며 메뚜기가 우박에
상하지 아니한 밭의 채소와 나무
열매를 다 먹었으므로 애굽 온
땅에서 나무나 밭의 채소나 푸른
것은 남지 아니하였더라
16 바로가 모세와 아론을 급히 불러
이르되 내가 너희의 하나님 여호
와와 너희에게 죄를 지었으니

11

12

13

14

15

16

17 바라건대 이번만 나의 죄를 용서
하고 너희의 하나님 여호와께 구
하여 이 죽음만은 내게서 떠나게
하라
18 그가 바로에게서 나가서 여호와
께 구하매
19 여호와께서 돌이켜 강렬한 서풍
을 불게 하사 메뚜기를 홍해에
몰아넣으시니 애굽 온 땅에 메뚜
기가 하나도 남지 아니하니라
20 그러나 여호와께서 바로의 마음
을 완악하게 하셨으므로 이스라
엘 자손을 보내지 아니하였더라

17

18

19

20

아홉째 재앙: 흑암이 땅에 있다

21 여호와께서 모세에게 이르시되
하늘을 향하여 네 손을 내밀어
애굽 땅 위에 흑암이 있게 하라
곧 더듬을 만한 흑암이리라
22 모세가 하늘을 향하여 손을 내밀
매 캄캄한 흑암이 삼 일 동안 애
굽 온 땅에 있어서
23 그 동안은 사람들이 서로 볼 수
없으며 자기 처소에서 일어나는
자가 없으되 온 이스라엘 자손
들이 거주하는 곳에는 빛이 있
었더라
24 바로가 모세를 불러서 이르되
너희는 가서 여호와를 섬기되
너희의 양과 소는 머물러 두고
너희 어린 것들은 너희와 함께
갈지니라

아홉째 재앙: 흑암이 땅에 있다

21

22

23

24

출애굽기

이스라엘의 해방

1장 1절—18장 27절

10장

25 모세가 이르되 왕이라도 우리 하
나님 여호와께 드릴 제사와 번제
물을 우리에게 주어야 하겠고
26 우리의 가축도 우리와 함께 가고
한 마리도 남길 수 없으니 이는
우리가 그 중에서 가져다가 우리
하나님 여호와를 섬길 것임이며
또 우리가 거기에 이르기까지는
어떤 것으로 여호와를 섬길는지
알지 못함이니이다 하나
27 여호와께서 바로의 마음을 완악
하게 하셨으므로 그들 보내기를
기뻐하지 아니하고
28 바로가 모세에게 이르되 너는 나
를 떠나가고 스스로 삼가 다시
내 얼굴을 보지 말라 네가 내 얼
굴을 보는 날에는 죽으리라
29 모세가 이르되 당신이 말씀하신
대로 내가 다시는 당신의 얼굴을
보지 아니하리이다

25

26

27

28

29

11장

처음 난 것의 죽음을 경고하다

1 여호와께서 모세에게 이르시기
를 내가 이제 한 가지 재앙을 바
로와 애굽에 내린 후에야 그가
너희를 여기서 내보내리라 그가
너희를 내보낼 때에는 여기서 반
드시 다 쫓아내리니

[11장] 처음 난 것의 죽음을 경고하다

1

년 월 일

2 백성에게 말하여 사람들에게 각
기 이웃들에게 은금 패물을 구하
게 하라 하시더니
3 여호와께서 그 백성으로 애굽 사
람의 은혜를 받게 하셨고 또 그
사람 모세는 애굽 땅에 있는 바
로의 신하와 백성의 눈에 아주
위대하게 보였더라
4 모세가 바로에게 이르되 여호와
께서 이와 같이 말씀하시기를 밤
중에 내가 애굽 가운데로 들어가
리니
5 애굽 땅에 있는 모든 처음 난 것
은 왕위에 앉아 있는 바로의 장
자로부터 맷돌 뒤에 있는 몸종의
장자와 모든 가축의 처음 난 것
까지 죽으리니
6 애굽 온 땅에 전무후무한 큰 부
르짖음이 있으리라
7 그러나 이스라엘 자손에게는 사
람에게나 짐승에게나 개 한 마리
도 그 혀를 움직이지 아니하리니
여호와께서 애굽 사람과 이스라
엘 사이를 구별하는 줄을 너희가
알리라 하셨나니
8 왕의 이 모든 신하가 내게 내려
와 내게 절하며 이르기를 너와
너를 따르는 온 백성은 나가라
한 후에야 내가 나가리라 하고
심히 노하여 바로에게서 나오
니라
9 여호와께서 모세에게 이르시기
를 바로가 너희의 말을 듣지 아
니하리라 그러므로 내가 애굽
땅에서 나의 기적을 더하리라
하셨고

2

3

4

5

6

7

8

9

∷ 이스라엘의 해방

1장 1절－18장 27절

11장

10 모세와 아론이 이 모든 기적을 바로 앞에서 행하였으나 여호와께서 바로의 마음을 완악하게 하셨으므로 그가 이스라엘 자손을 그 나라에서 보내지 아니하였더라

10

12장

유월절

1 여호와께서 애굽 땅에서 모세와 아론에게 일러 말씀하시되

2 이 달을 너희에게 달의 시작 곧 해의 첫 달이 되게 하고

3 너희는 이스라엘 온 회중에게 말하여 이르라 이 달 열흘에 너희 각자가 어린 양을 취할지니 각 가족대로 그 식구를 위하여 어린 양을 취하되

4 그 어린 양에 대하여 식구가 너무 적으면 그 집의 이웃과 함께 사람 수를 따라서 하나를 취하며 각 사람이 먹을 수 있는 분량에 따라서 너희 어린 양을 계산할 것이며

5 너희 어린 양은 흠 없고 일 년 된 수컷으로 하되 양이나 염소 중에서 취하고

6 이 달 열나흗날까지 간직하였다가 해 질 때에 이스라엘 회중이 그 양을 잡고

[12장] 유월절

1

2

3

4

5

6

12장

년 월 일

7 그 피를 양을 먹을 집 좌우 문설
주와 인방에 바르고
8 그 밤에 그 고기를 불에 구워 무
교병과 쓴 나물과 아울러 먹되
9 날것으로나 물에 삶아서 먹지 말
고 머리와 다리와 내장을 다 불
에 구워 먹고
10 아침까지 남겨두지 말며 아침까
지 남은 것은 곧 불사르라
11 너희는 그것을 이렇게 먹을지니
허리에 띠를 띠고 발에 신을 신
고 손에 지팡이를 잡고 급히 먹
으라 이것이 여호와의 유월절이
니라
12 내가 그 밤에 애굽 땅에 두루 다
니며 사람이나 짐승을 막론하고
애굽 땅에 있는 모든 처음 난 것
을 다 치고 애굽의 모든 신을 내
가 심판하리라 나는 여호와라
13 내가 애굽 땅을 칠 때에 그 피가
너희가 사는 집에 있어서 너희를
위하여 표적이 될지라 내가 피를
볼 때에 너희를 넘어가리니 재앙
이 너희에게 내려 멸하지 아니하
리라
14 너희는 이 날을 기념하여 여호와
의 절기를 삼아 영원한 규례로
대대로 지킬지니라

무교절

15 너희는 이레 동안 무교병을 먹을
지니 그 첫날에 누룩을 너희 집
에서 제하라 무릇 첫날부터 일곱
째 날까지 유교병을 먹는 자는
이스라엘에서 끊어지리라

7

8

9

10

11

12

13

14

무교절

15

출애굽기

이스라엘의 해방

1장 1절–18장 27절

12장

16 너희에게 첫날에도 성회요 일곱
째 날에도 성회가 되리니 너희는
이 두 날에는 아무 일도 하지 말고
각자의 먹을 것만 갖출 것이니라
17 너희는 무교절을 지키라 이 날
에 내가 너희 군대를 애굽 땅에
서 인도하여 내었음이니라 그러
므로 너희가 영원한 규례로 삼아
대대로 이 날을 지킬지니라
18 첫째 달 그 달 열나흗날 저녁부
터 이십일일 저녁까지 너희는 무
교병을 먹을 것이요
19 이레 동안은 누룩이 너희 집에
서 발견되지 아니하도록 하라
무릇 유교물을 먹는 자는 타국
인이든지 본국에서 난 자든지를
막론하고 이스라엘 회중에서 끊
어지리니
20 너희는 아무 유교물이든지 먹지
말고 너희 모든 유하는 곳에서
무교병을 먹을지니라

첫 유월절

21 모세가 이스라엘 모든 장로를 불
러서 그들에게 이르되 너희는 나
가서 너희의 가족대로 어린 양을
택하여 유월절 양으로 잡고
22 우슬초 묶음을 가져다가 그릇에
담은 피에 적셔서 그 피를 문 인
방과 좌우 설주에 뿌리고 아침까
지 한 사람도 자기 집 문 밖에 나
가지 말라

16

17

18

19

20

첫 유월절

21

22

12장

년 월 일

23 여호와께서 애굽 사람들에게 재앙
을 내리려고 지나가실 때에 문 인
방과 좌우 문설주의 피를 보시면
여호와께서 그 문을 넘으시고 멸하
는 자에게 너희 집에 들어가서 너
희를 치지 못하게 하실 것임이니라
24 너희는 이 일을 규례로 삼아 너
희와 너희 자손이 영원히 지킬
것이니
25 너희는 여호와께서 허락하신 대
로 너희에게 주시는 땅에 이를
때에 이 예식을 지킬 것이라
26 이 후에 너희의 자녀가 묻기를
이 예식이 무슨 뜻이냐 하거든
27 너희는 이르기를 이는 여호와의
유월절 제사라 여호와께서 애굽
사람에게 재앙을 내리실 때에 애
굽에 있는 이스라엘 자손의 집을
넘으사 우리의 집을 구원하셨느
니라 하라 하매 백성이 머리 숙
여 경배하니라
28 이스라엘 자손이 물러가서 그대
로 행하되 여호와께서 모세와 아
론에게 명령하신 대로 행하니라

열째 재앙: 처음 난 것들의 죽음

29 밤중에 여호와께서 애굽 땅에서
모든 처음 난 것 곧 왕위에 앉은
바로의 장자로부터 옥에 갇힌 사
람의 장자까지와 가축의 처음 난
것을 다 치시매
30 그 밤에 바로와 그 모든 신하와
모든 애굽 사람이 일어나고 애굽
에 큰 부르짖음이 있었으니 이는
그 나라에 죽임을 당하지 아니한
집이 하나도 없었음이었더라

23

24

25

26

27

28

열째 재앙: 처음 난 것들의 죽음

29

30

이스라엘의 해방

1장 1절—18장 27절

12장

31 밤에 바로가 모세와 아론을 불러서 이르되 너희와 이스라엘 자손은 일어나 내 백성 가운데에서 떠나 너희의 말대로 가서 여호와를 섬기며

32 너희가 말한 대로 너희 양과 너희 소도 몰아가고 나를 위하여 축복하라 하며

33 애굽 사람들은 말하기를 우리가 다 죽은 자가 되도다 하고 그 백성을 재촉하여 그 땅에서 속히 내보내려 하므로

34 그 백성이 발교되지 못한 반죽 담은 그릇을 옷에 싸서 어깨에 메니라

35 이스라엘 자손이 모세의 말대로 하여 애굽 사람에게 은금 패물과 의복을 구하매

36 여호와께서 애굽 사람들에게 이스라엘 백성에게 은혜를 입히게 하사 그들이 구하는 대로 주게 하시므로 그들이 애굽 사람의 물품을 취하였더라

이스라엘이 애굽 땅에서 나오다

37 이스라엘 자손이 라암셋을 떠나서 숙곳에 이르니 유아 외에 보행하는 장정이 육십만 가량이요

38 수많은 잡족과 양과 소와 심히 많은 가축이 그들과 함께 하였으며

31

32

33

34

35

36

이스라엘이 애굽 땅에서 나오다

37

38

12장

년  월 일

39 그들이 애굽으로부터 가지고 나온 발교되지 못한 반죽으로 무교병을 구웠으니 이는 그들이 애굽에서 쫓겨나므로 지체할 수 없었음이며 아무 양식도 준비하지 못하였음이었더라

40 이스라엘 자손이 애굽에 거주한 지 사백삼십 년이라

41 사백삼십 년이 끝나는 그 날에 여호와의 군대가 다 애굽 땅에서 나왔은즉

42 이 밤은 그들을 애굽 땅에서 인도하여 내심으로 말미암아 여호와 앞에 지킬 것이니 이는 여호와의 밤이라 이스라엘 자손이 다 대대로 지킬 것이니라

39

40

41

42

유월절 규례

43 여호와께서 모세와 아론에게 이르시되 유월절 규례는 이러하니라 이방 사람은 먹지 못할 것이나

44 각 사람이 돈으로 산 종은 할례를 받은 후에 먹을 것이며

45 거류인과 타국 품꾼은 먹지 못하리라

46 한 집에서 먹되 그 고기를 조금도 집 밖으로 내지 말고 뼈도 꺾지 말지며

47 이스라엘 회중이 다 이것을 지킬지니라

유월절 규례

43

44

45

46

47

이스라엘의 해방

1장 1절—18장 27절

12장

48 너희와 함께 거류하는 타국인이
여호와의 유월절을 지키고자 하
거든 그 모든 남자는 할례를 받
은 후에야 가까이 하여 지킬지니
곧 그는 본토인과 같이 될 것이
나 할례 받지 못한 자는 먹지 못
할 것이니라
49 본토인에게나 너희 중에 거류하
는 이방인에게 이 법이 동일하니
라 하셨으므로
50 온 이스라엘 자손이 이와 같이
행하되 여호와께서 모세와 아론
에게 명령하신 대로 행하였으며
51 바로 그 날에 여호와께서 이스라
엘 자손을 그 무리대로 애굽 땅
에서 인도하여 내셨더라

13장

무교절

1 여호와께서 모세에게 일러 이르
시되
2 이스라엘 자손 중에서 사람이나
짐승을 막론하고 태에서 처음 난
모든 것은 다 거룩히 구별하여
내게 돌리라 이는 내 것이니라
하시니라
3 모세가 백성에게 이르되 너희는
애굽 곧 종 되었던 집에서 나온
그 날을 기념하여 유교병을 먹지
말라 여호와께서 그 손의 권능으
로 너희를 그 곳에서 인도해 내
셨음이니라

48

49

50

51

[13장] 무교절

1

2

3

13장

년  

4 아빕월 이 날에 너희가 나왔으니

5 여호와께서 너를 인도하여 가나안 사람과 헷 사람과 아모리 사람과 히위 사람과 여부스 사람의 땅 곧 네게 주시려고 네 조상들에게 맹세하신 바 젖과 꿀이 흐르는 땅에 이르게 하시거든 너는 이 달에 이 예식을 지켜

6 이레 동안 무교병을 먹고 일곱째 날에는 여호와께 절기를 지키라

7 이레 동안에는 무교병을 먹고 유교병을 네게 보이지 아니하게 하며 네 땅에서 누룩을 네게 보이지 아니하게 하라

8 너는 그 날에 네 아들에게 보여 이르기를 이 예식은 내가 애굽에서 나올 때에 여호와께서 나를 위하여 행하신 일로 말미암음이라 하고

9 이것으로 네 손의 기호와 네 미간의 표를 삼고 여호와의 율법이 네 입에 있게 하라 이는 여호와께서 강하신 손으로 너를 애굽에서 인도하여 내셨음이니

10 해마다 절기가 되면 이 규례를 지킬지니라

태에서 처음 난 것

11 여호와께서 너와 네 조상에게 맹세하신 대로 너를 가나안 사람의 땅에 인도하시고 그 땅을 네게 주시거든

4

5

6

7

8

9

10

태에서 처음 난 것

11

이스라엘의 해방
1장 1절—18장 27절

13장

12 너는 태에서 처음 난 모든 것과
네게 있는 가축의 태에서 처음 난
것을 다 구별하여 여호와께 돌리
라 수컷은 여호와의 것이니라
13 나귀의 첫 새끼는 다 어린 양으
로 대속할 것이요 그렇게 하지
아니하려면 그 목을 꺾을 것이며
네 아들 중 처음 난 모든 자는 대
속할지니라
14 후일에 네 아들이 네게 묻기를
이것이 어찌 됨이냐 하거든 너는
그에게 이르기를 여호와께서 그
손의 권능으로 우리를 애굽에서
곧 종이 되었던 집에서 인도하여
내실새
15 그 때에 바로가 완악하여 우리를
보내지 아니하매 여호와께서 애
굽 나라 가운데 처음 난 모든 것
은 사람의 장자로부터 가축의 처
음 난 것까지 다 죽이셨으므로
태에서 처음 난 모든 수컷들은
내가 여호와께 제사를 드려서 내
아들 중에 모든 처음 난 자를 다
대속하리니
16 이것이 네 손의 기호와 네 미간
의 표가 되리라 이는 여호와께서
그 손의 권능으로 우리를 애굽에
서 인도하여 내셨음이니라 할지
니라

12

13

14

15

16

13장

구름 기둥과 불 기둥

17 바로가 백성을 보낸 후에 블레셋
사람의 땅의 길은 가까울지라도
하나님이 그들을 그 길로 인도하
지 아니하셨으니 이는 하나님이
말씀하시기를 이 백성이 전쟁을
하게 되면 마음을 돌이켜 애굽으
로 돌아갈까 하셨음이라

18 그러므로 하나님이 홍해의 광야
길로 돌려 백성을 인도하시매 이
스라엘 자손이 애굽 땅에서 대열
을 지어 나올 때에

19 모세가 요셉의 유골을 가졌으니
이는 요셉이 이스라엘 자손으로
단단히 맹세하게 하여 이르기를
하나님이 반드시 너희를 찾아오
시리니 너희는 내 유골을 여기서
가지고 나가라 하였음이더라

20 그들이 숙곳을 떠나서 광야 끝
에담에 장막을 치니

21 여호와께서 그들 앞에서 가시며
낮에는 구름 기둥으로 그들의 길
을 인도하시고 밤에는 불 기둥을
그들에게 비추사 낮이나 밤이나
진행하게 하시니

22 낮에는 구름 기둥, 밤에는 불 기
둥이 백성 앞에서 떠나지 아니하
니라

14장

홍해를 건너다

1 여호와께서 모세에게 말씀하여
이르시되

년 월 일

구름 기둥과 불 기둥

17

18

19

20

21

22

[14장] 홍해를 건너다

1

이스라엘의 해방

1장 1절—18장 27절

14장

2 이스라엘 자손에게 명령하여 돌이켜 바다와 믹돌 사이의 비하히롯 앞 곧 바알스본 맞은편 바닷가에 장막을 치게 하라

3 바로가 이스라엘 자손에 대하여 말하기를 그들이 그 땅에서 멀리 떠나 광야에 갇힌 바 되었다 하리라

4 바로의 마음을 완악하게 한즉 바로가 그들의 뒤를 따르리니 내가 그와 그의 온 군대로 말미암아 영광을 얻어 애굽 사람들이 나를 여호와인 줄 알게 하리라 하시매 무리가 그대로 행하니라

5 그 백성이 도망한 사실이 애굽 왕에게 알려지매 바로와 그의 신하들이 그 백성에 대하여 마음이 변하여 이르되 우리가 어찌 이같이 하여 이스라엘을 우리를 섬김에서 놓아 보내었는가 하고

6 바로가 곧 그의 병거를 갖추고 그의 백성을 데리고 갈새

7 선발된 병거 육백 대와 애굽의 모든 병거를 동원하니 지휘관들이 다 거느렸더라

8 여호와께서 애굽 왕 바로의 마음을 완악하게 하셨으므로 그가 이스라엘 자손의 뒤를 따르니 이스라엘 자손이 담대히 나갔음이라

2

3

4

5

6

7

8

14장

년 월 일

9 애굽 사람들과 바로의 말들, 병
거들과 그 마병과 그 군대가 그
들의 뒤를 따라 바알스본 맞은편
비하히롯 곁 해변 그들이 장막
친 데에 미치니라

10 바로가 가까이 올 때에 이스라엘
자손이 눈을 들어 본즉 애굽 사
람들이 자기들 뒤에 이른지라 이
스라엘 자손이 심히 두려워하여
여호와께 부르짖고

11 그들이 또 모세에게 이르되 애굽
에 매장지가 없어서 당신이 우리
를 이끌어 내어 이 광야에서 죽
게 하느냐 어찌하여 당신이 우리
를 애굽에서 이끌어 내어 우리에
게 이같이 하느냐

12 우리가 애굽에서 당신에게 이른
말이 이것이 아니냐 이르기를 우
리를 내버려 두라 우리가 애굽
사람을 섬길 것이라 하지 아니하
더냐 애굽 사람을 섬기는 것이
광야에서 죽는 것보다 낫겠노라

13 모세가 백성에게 이르되 너희는
두려워하지 말고 가만히 서서 여
호와께서 오늘 너희를 위하여 행
하시는 구원을 보라 너희가 오늘
본 애굽 사람을 영원히 다시 보
지 아니하리라

14 여호와께서 너희를 위하여 싸
우시리니 너희는 가만히 있을
지니라

9

10

11

12

13

14

출애굽기

이스라엘의 해방

1장 1절–18장 27절

14장

15 여호와께서 모세에게 이르시되
너는 어찌하여 내게 부르짖느냐
이스라엘 자손에게 명령하여 앞
으로 나아가게 하고
16 지팡이를 들고 손을 바다 위로
내밀어 그것이 갈라지게 하라 이
스라엘 자손이 바다 가운데서 마
른 땅으로 행하리라
17 내가 애굽 사람들의 마음을 완악
하게 할 것인즉 그들이 그 뒤를
따라 들어갈 것이라 내가 바로와
그의 모든 군대와 그의 병거와
마병으로 말미암아 영광을 얻으
리니
18 내가 바로와 그의 병거와 마병으
로 말미암아 영광을 얻을 때에야
애굽 사람들이 나를 여호와인 줄
알리라 하시더니
19 이스라엘 진 앞에 가던 하나님의
사자가 그들의 뒤로 옮겨 가매 구
름 기둥도 앞에서 그 뒤로 옮겨
20 애굽 진과 이스라엘 진 사이에
이르러 서니 저쪽에는 구름과 흑
암이 있고 이쪽에는 밤이 밝으므
로 밤새도록 저쪽이 이쪽에 가까
이 못하였더라
21 모세가 바다 위로 손을 내밀매
여호와께서 큰 동풍이 밤새도록
바닷물을 물러가게 하시니 물이
갈라져 바다가 마른 땅이 된지라

15

16

17

18

19

20

21

14장

년 월 일

22 이스라엘 자손이 바다 가운데를 육지로 걸어가고 물은 그들의 좌우에 벽이 되니

23 애굽 사람들과 바로의 말들, 병거들과 그 마병들이 다 그들의 뒤를 추격하여 바다 가운데로 들어오는지라

24 새벽에 여호와께서 불과 구름 기둥 가운데서 애굽 군대를 보시고 애굽 군대를 어지럽게 하시며

25 그들의 병거 바퀴를 벗겨서 달리기가 어렵게 하시니 애굽 사람들이 이르되 이스라엘 앞에서 우리가 도망하자 여호와가 그들을 위하여 싸워 애굽 사람들을 치는도다

26 여호와께서 모세에게 이르시되 네 손을 바다 위로 내밀어 물이 애굽 사람들과 그들의 병거들과 마병들 위에 다시 흐르게 하라 하시니

27 모세가 곧 손을 바다 위로 내밀매 새벽이 되어 바다의 힘이 회복된지라 애굽 사람들이 물을 거슬러 도망하나 여호와께서 애굽 사람들을 바다 가운데 엎으시니

28 물이 다시 흘러 병거들과 기병들을 덮되 그들의 뒤를 따라 바다에 들어간 바로의 군대를 다 덮으니 하나도 남지 아니하였더라

29 그러나 이스라엘 자손은 바다 가운데를 육지로 행하였고 물이 좌우에 벽이 되었더라

22

23

24

25

26

27

28

29

이스라엘의 해방

1장 1절–18장 27절

14장

30 그 날에 여호와께서 이같이 이스라엘을 애굽 사람의 손에서 구원하시매 이스라엘이 바닷가에서 애굽 사람들이 죽어 있는 것을 보았더라

31 이스라엘이 여호와께서 애굽 사람들에게 행하신 그 큰 능력을 보았으므로 백성이 여호와를 경외하며 여호와와 그의 종 모세를 믿었더라

15장

모세의 노래

1 이 때에 모세와 이스라엘 자손이 이 노래로 여호와께 노래하니 일렀으되 내가 여호와를 찬송하리니 그는 높고 영화로우심이요 말과 그 탄 자를 바다에 던지셨음이로다

2 여호와는 나의 힘이요 노래시며 나의 구원이시로다 그는 나의 하나님이시니 내가 그를 찬송할 것이요 내 아버지의 하나님이시니 내가 그를 높이리로다

3 여호와는 용사시니 여호와는 그의 이름이시로다

30

31

[15장] 모세의 노래

1

2

3

15장

년 월 일

4 그가 바로의 병거와 그의 군대를
바다에 던지시니 최고의 지휘관
들이 홍해에 잠겼고

5 깊은 물이 그들을 덮으니 그들이
돌처럼 깊음 속에 가라앉았도다

6 여호와여 주의 오른손이 권능으
로 영광을 나타내시니이다 여호
와여 주의 오른손이 원수를 부수
시니이다

7 주께서 주의 큰 위엄으로 주를 거
스르는 자를 엎으시니이다 주께
서 진노를 발하시니 그 진노가 그
들을 지푸라기 같이 사르니이다

8 주의 콧김에 물이 쌓이되 파도가
언덕 같이 일어서고 큰 물이 바
다 가운데 엉기니이다

9 원수가 말하기를 내가 뒤쫓아 따
라잡아 탈취물을 나누리라, 내가
그들로 말미암아 내 욕망을 채우
리라, 내가 내 칼을 빼리니 내 손
이 그들을 멸하리라 하였으나

10 주께서 바람을 일으키시매 바다
가 그들을 덮으니 그들이 거센
물에 납 같이 잠겼나이다

11 여호와여 신 중에 주와 같은 자
가 누구니이까 주와 같이 거룩함
으로 영광스러우며 찬송할 만한
위엄이 있으며 기이한 일을 행하
는 자가 누구니이까

12 주께서 오른손을 드신즉 땅이 그
들을 삼켰나이다

13 주의 인자하심으로 주께서 구속
하신 백성을 인도하시되 주의 힘
으로 그들을 주의 거룩한 처소에
들어가게 하시나이다

4

5

6

7

8

9

10

11

12

13

15장

14 여러 나라가 듣고 떨며 블레셋
주민이 두려움에 잡히며
15 에돔 두령들이 놀라고 모압 영웅
이 떨림에 잡히며 가나안 주민이
다 낙담하나이다
16 놀람과 두려움이 그들에게 임하
매 주의 팔이 크므로 그들이 돌
같이 침묵하였사오니 여호와여
주의 백성이 통과하기까지 곧 주
께서 사신 백성이 통과하기까지
였나이다
17 주께서 백성을 인도하사 그들을
주의 기업의 산에 심으시리이다
여호와여 이는 주의 처소를 삼으
시려고 예비하신 것이라 주여 이
것이 주의 손으로 세우신 성소로
소이다
18 여호와께서 영원무궁 하도록 다
스리시도다 하였더라

미리암의 노래

19 바로의 말과 병거와 마병이 함
께 바다에 들어가매 여호와께서
바닷물을 그들 위에 되돌려 흐
르게 하셨으나 이스라엘 자손은
바다 가운데서 마른 땅으로 지
나간지라

14

15

16

17

18

미리암의 노래

19

20 아론의 누이 선지자 미리암이 손
에 소고를 잡으매 모든 여인도
그를 따라 나오며 소고를 잡고
춤추니
21 미리암이 그들에게 화답하여 이
르되 너희는 여호와를 찬송하라
그는 높고 영화로우심이요 말과
그 탄 자를 바다에 던지셨음이로
다 하였더라

단 물로 변한 마라의 쓴 물

22 모세가 홍해에서 이스라엘을 인
도하매 그들이 나와서 수르 광야
로 들어가서 거기서 사흘길을 걸
었으나 물을 얻지 못하고
23 마라에 이르렀더니 그 곳 물이
써서 마시지 못하겠으므로 그 이
름을 마라라 하였더라
24 백성이 모세에게 원망하여 이르
되 우리가 무엇을 마실까 하매
25 모세가 여호와께 부르짖었더니
여호와께서 그에게 한 나무를 가
리키시니 그가 물에 던지니 물이
달게 되었더라 거기서 여호와께
서 그들을 위하여 법도와 율례를
정하시고 그들을 시험하실새
26 이르시되 너희가 너희 하나님 나
여호와의 말을 들어 순종하고 내
가 보기에 의를 행하며 내 계명
에 귀를 기울이며 내 모든 규례
를 지키면 내가 애굽 사람에게
내린 모든 질병 중 하나도 너희
에게 내리지 아니하리니 나는 너
희를 치료하는 여호와임이라

단 물로 변한 마라의 쓴 물

이스라엘의 해방

1장 1절—18장 27절

15장

27 그들이 엘림에 이르니 거기에 물
샘 열둘과 종려나무 일흔 그루가
있는지라 거기서 그들이 그 물
곁에 장막을 치니라

27

16장

만나와 메추라기

1 이스라엘 자손의 온 회중이 엘림
에서 떠나 엘림과 시내 산 사이에
있는 신 광야에 이르니 애굽에서
나온 후 둘째 달 십오일이라

2 이스라엘 자손 온 회중이 그 광
야에서 모세와 아론을 원망하여

3 이스라엘 자손이 그들에게 이르
되 우리가 애굽 땅에서 고기 가마
곁에 앉아 있던 때와 떡을 배불리
먹던 때에 여호와의 손에 죽었더
라면 좋았을 것을 너희가 이 광야
로 우리를 인도해 내어 이 온 회
중이 주려 죽게 하는도다

4 그 때에 여호와께서 모세에게 이
르시되 보라 내가 너희를 위하여
하늘에서 양식을 비 같이 내리리
니 백성이 나가서 일용할 것을
날마다 거둘 것이라 이같이 하여
그들이 내 율법을 준행하나 아니
하나 내가 시험하리라

5 여섯째 날에는 그들이 그 거둔
것을 준비할지니 날마다 거두던
것의 갑절이 되리라

[16장] 만나와 메추라기

1

2

3

4

5

년 월 일

6 모세와 아론이 온 이스라엘 자손
에게 이르되 저녁이 되면 너희가
여호와께서 너희를 애굽 땅에서
인도하여 내셨음을 알 것이요

7 아침에는 너희가 여호와의 영광을
보리니 이는 여호와께서 너희가
자기를 향하여 원망함을 들으셨음
이라 우리가 누구이기에 너희가
우리에게 대하여 원망하느냐

8 모세가 또 이르되 여호와께서
저녁에는 너희에게 고기를 주어
먹이시고 아침에는 떡으로 배불
리시리니 이는 여호와께서 자기
를 향하여 너희가 원망하는 그
말을 들으셨음이라 우리가 누구
냐 너희의 원망은 우리를 향하여
함이 아니요 여호와를 향하여 함
이로다

9 모세가 또 아론에게 이르되 이스
라엘 자손의 온 회중에게 말하기
를 여호와께 가까이 나아오라 여
호와께서 너희의 원망함을 들으
셨느니라 하라

10 아론이 이스라엘 자손의 온 회중
에게 말하매 그들이 광야를 바라
보니 여호와의 영광이 구름 속에
나타나더라

11 여호와께서 모세에게 말씀하여
이르시되

6

7

8

9

10

11

이스라엘의 해방

1장 1절—18장 27절

16장

12 내가 이스라엘 자손의 원망함을
들었노라 그들에게 말하여 이르
기를 너희가 해 질 때에는 고기
를 먹고 아침에는 떡으로 배부르
리니 내가 여호와 너희의 하나님
인 줄 알리라 하라 하시니라
13 저녁에는 메추라기가 와서 진에
덮이고 아침에는 이슬이 진 주위
에 있더니
14 그 이슬이 마른 후에 광야 지면
에 작고 둥글며 서리 같이 가는
것이 있는지라
15 이스라엘 자손이 보고 그것이 무엇
인지 알지 못하여 서로 이르되 이
것이 무엇이냐 하니 모세가 그들에
게 이르되 이는 여호와께서 너희
에게 주어 먹게 하신 양식이라
16 여호와께서 이같이 명령하시기
를 너희 각 사람은 먹을 만큼만
이것을 거둘지니 곧 너희 사람
수효대로 한 사람에 한 오멜씩
거두되 각 사람이 그의 장막에
있는 자들을 위하여 거둘지니라
하셨느니라
17 이스라엘 자손이 그같이 하였더
니 그 거둔 것이 많기도 하고 적
기도 하나
18 오멜로 되어 본즉 많이 거둔 자
도 남음이 없고 적게 거둔 자도
부족함이 없이 각 사람은 먹을
만큼만 거두었더라

12

13

14

15

16

17

18

년 월 일

19 모세가 그들에게 이르기를 아무
든지 아침까지 그것을 남겨두지
말라 하였으나
20 그들이 모세에게 순종하지 아니
하고 더러는 아침까지 두었더니
벌레가 생기고 냄새가 난지라 모
세가 그들에게 노하니라
21 무리가 아침마다 각 사람은 먹을
만큼만 거두었고 햇볕이 뜨겁게
쬐면 그것이 스러졌더라
22 여섯째 날에는 각 사람이 갑절의
식물 곧 하나에 두 오멜씩 거둔
지라 회중의 모든 지도자가 와서
모세에게 알리매
23 모세가 그들에게 이르되 여호와
께서 이같이 말씀하셨느니라 내
일은 휴일이니 여호와께 거룩한
안식일이라 너희가 구울 것은 굽
고 삶을 것은 삶고 그 나머지는
다 너희를 위하여 아침까지 간수
하라
24 그들이 모세의 명령대로 아침까
지 간수하였으나 냄새도 나지
아니하고 벌레도 생기지 아니한
지라
25 모세가 이르되 오늘은 그것을 먹
으라 오늘은 여호와의 안식일인
즉 오늘은 너희가 들에서 그것을
얻지 못하리라
26 엿새 동안은 너희가 그것을 거두
되 일곱째 날은 안식일인즉 그
날에는 없으리라 하였으나
27 일곱째 날에 백성 중 어떤 사람
들이 거두러 나갔다가 얻지 못하
니라

19

20

21

22

23

24

25

26

27

이스라엘의 해방

1장 1절–18장 27절

16장

28 여호와께서 모세에게 이르시되
어느 때까지 너희가 내 계명과
내 율법을 지키지 아니하려느냐
29 볼지어다 여호와가 너희에게 안
식일을 줌으로 여섯째 날에는 이
틀 양식을 너희에게 주는 것이니
너희는 각기 처소에 있고 일곱째
날에는 아무도 그의 처소에서 나
오지 말지니라
30 그러므로 백성이 일곱째 날에 안
식하니라
31 이스라엘 족속이 그 이름을 만나
라 하였으며 깟씨 같이 희고 맛
은 꿀 섞은 과자 같았더라
32 모세가 이르되 여호와께서 이같
이 명령하시기를 이것을 오멜에
채워서 너희의 대대 후손을 위하
여 간수하라 이는 내가 너희를
애굽 땅에서 인도하여 낼 때에
광야에서 너희에게 먹인 양식을
그들에게 보이기 위함이니라 하
셨다 하고
33 또 모세가 아론에게 이르되 항아
리를 가져다가 그 속에 만나 한
오멜을 담아 여호와 앞에 두어
너희 대대로 간수하라
34 아론이 여호와께서 모세에게 명
령하신 대로 그것을 증거판 앞에
두어 간수하게 하였고

28

29

30

31

32

33

34

16장

35 사람이 사는 땅에 이르기까지 이
스라엘 자손이 사십 년 동안 만
나를 먹었으니 곧 가나안 땅 접
경에 이르기까지 그들이 만나를
먹었더라

36 오멜은 십분의 일 에바이더라

17장

반석에서 물이 나오다(민 20:1-13)

1 이스라엘 자손의 온 회중이 여호
와의 명령대로 신 광야에서 떠나
그 노정대로 행하여 르비딤에 장
막을 쳤으나 백성이 마실 물이
없는지라

2 백성이 모세와 다투어 이르되 우
리에게 물을 주어 마시게 하라
모세가 그들에게 이르되 너희가
어찌하여 나와 다투느냐 너희가
어찌하여 여호와를 시험하느냐

3 거기서 백성이 목이 말라 물을
찾으매 그들이 모세에게 대하여
원망하여 이르되 당신이 어찌하
여 우리를 애굽에서 인도해 내어
서 우리와 우리 자녀와 우리 가
축이 목말라 죽게 하느냐

4 모세가 여호와께 부르짖어 이르
되 내가 이 백성에게 어떻게 하
리이까 그들이 조금 있으면 내게
돌을 던지겠나이다

5 여호와께서 모세에게 이르시되
백성 앞을 지나서 이스라엘 장로
들을 데리고 나일 강을 치던 네
지팡이를 손에 잡고 가라

35

36

[17장] 반석에서 물이 나오다(민 20:1-13)

1

2

3

4

5

17장

6 내가 호렙 산에 있는 그 반석 위
거기서 네 앞에 서리니 너는 그
반석을 치라 그것에서 물이 나오
리니 백성이 마시리라 모세가 이
스라엘 장로들의 목전에서 그대
로 행하니라
7 그가 그 곳 이름을 맛사 또는 므
리바라 불렀으니 이는 이스라엘
자손이 다투었음이요 또는 그들
이 여호와를 시험하여 이르기를
여호와께서 우리 중에 계신가 안
계신가 하였음이더라

아말렉과 싸우다

8 그 때에 아말렉이 와서 이스라엘
과 르비딤에서 싸우니라
9 모세가 여호수아에게 이르되 우
리를 위하여 사람들을 택하여 나
가서 아말렉과 싸우라 내일 내가
하나님의 지팡이를 손에 잡고 산
꼭대기에 서리라
10 여호수아가 모세의 말대로 행하
여 아말렉과 싸우고 모세와 아론
과 훌은 산 꼭대기에 올라가서
11 모세가 손을 들면 이스라엘이 이
기고 손을 내리면 아말렉이 이기
더니

6

7

아말렉과 싸우다

8

9

10

11

17장

12 모세의 팔이 피곤하매 그들이 돌
을 가져다가 모세의 아래에 놓아
그가 그 위에 앉게 하고 아론과
훌이 한 사람은 이쪽에서, 한 사
람은 저쪽에서 모세의 손을 붙들
어 올렸더니 그 손이 해가 지도
록 내려오지 아니한지라
13 여호수아가 칼날로 아말렉과 그
백성을 쳐서 무찌르니라
14 여호와께서 모세에게 이르시되
이것을 책에 기록하여 기념하게
하고 여호수아의 귀에 외워 들리
라 내가 아말렉을 없이하여 천하
에서 기억도 못 하게 하리라
15 모세가 제단을 쌓고 그 이름을
여호와 닛시라 하고
16 이르되 여호와께서 맹세하시기
를 여호와가 아말렉과 더불어 대
대로 싸우리라 하셨다 하였더라

18장

이드로가 모세를 방문하다

1 모세의 장인이며 미디안 제사장
인 이드로가 하나님이 모세에게
와 자기 백성 이스라엘에게 하신
일 곧 여호와께서 이스라엘을 애
굽에서 인도하여 내신 모든 일을
들으니라
2 모세의 장인 이드로가 모세가 돌
려 보냈던 그의 아내 십보라와

년 월 일

12

13

14

15

16

[18장] 이드로가 모세를 방문하다

1

2

이스라엘의 해방

1장 1절–18장 27절

18장

3 그의 두 아들을 데리고 왔으니
그 하나의 이름은 게르솜이라 이
는 모세가 이르기를 내가 이방에
서 나그네가 되었다 함이요
4 하나의 이름은 엘리에셀이라 이
는 내 아버지의 하나님이 나를
도우사 바로의 칼에서 구원하셨
다 함이더라
5 모세의 장인 이드로가 모세의 아
들들과 그의 아내와 더불어 광야
에 들어와 모세에게 이르니 곧
모세가 하나님의 산에 진 친 곳
이라
6 그가 모세에게 말을 전하되 네
장인 나 이드로가 네 아내와 그
와 함께 한 그의 두 아들과 더불
어 네게 왔노라
7 모세가 나가서 그의 장인을 맞아
절하고 그에게 입 맞추고 그들이
서로 문안하고 함께 장막에 들어
가서
8 모세가 여호와께서 이스라엘을
위하여 바로와 애굽 사람에게 행
하신 모든 일과 길에서 그들이
당한 모든 고난과 여호와께서 그
들을 구원하신 일을 다 그 장인
에게 말하매
9 이드로가 여호와께서 이스라엘
에게 큰 은혜를 베푸사 애굽 사람
의 손에서 구원하심을 기뻐하여

3

4

5

6

7

8

9

18장

년 월 일

10 이드로가 이르되 여호와를 찬송
하리로다 너희를 애굽 사람의 손
에서와 바로의 손에서 건져내시
고 백성을 애굽 사람의 손 아래
에서 건지셨도다
11 이제 내가 알았도다 여호와는 모
든 신보다 크시므로 이스라엘에
게 교만하게 행하는 그들을 이기
셨도다 하고
12 모세의 장인 이드로가 번제물과
희생제물들을 하나님께 가져오
매 아론과 이스라엘 모든 장로가
와서 모세의 장인과 함께 하나님
앞에서 떡을 먹으니라

우두머리를 세워 재판하게 하다
(신 1:9-18)

13 이튿날 모세가 백성을 재판하느
라고 앉아 있고 백성은 아침부터
저녁까지 모세 곁에 서 있는지라
14 모세의 장인이 모세가 백성에게
행하는 모든 일을 보고 이르되
네가 이 백성에게 행하는 이 일
이 어찌 됨이냐 어찌하여 네가
홀로 앉아 있고 백성은 아침부터
저녁까지 네 곁에 서 있느냐
15 모세가 그의 장인에게 대답하되
백성이 하나님께 물으려고 내게
로 옴이라
16 그들이 일이 있으면 내게로 오나
니 내가 그 양쪽을 재판하여 하
나님의 율례와 법도를 알게 하나
이다
17 모세의 장인이 그에게 이르되 네
가 하는 것이 옳지 못하도다

10

11

12

우두머리를 세워 재판하게 하다(신 1:9-18)

13

14

15

16

17

18장

18 너와 또 너와 함께 한 이 백성이
필경 기력이 쇠하리니 이 일이 네
게 너무 중함이라 네가 혼자 할
수 없으리라
19 이제 내 말을 들으라 내가 네게
방침을 가르치리니 하나님이 너
와 함께 계실지로다 너는 하나님
앞에서 그 백성을 위하여 그 사
건들을 하나님께 가져오며
20 그들에게 율례와 법도를 가르쳐
서 마땅히 갈 길과 할 일을 그들
에게 보이고
21 너는 또 온 백성 가운데서 능력
있는 사람들 곧 하나님을 두려워
하며 진실하며 불의한 이익을 미
워하는 자를 살펴서 백성 위에
세워 천부장과 백부장과 오십부
장과 십부장을 삼아
22 그들이 때를 따라 백성을 재판하
게 하라 큰 일은 모두 네게 가져
갈 것이요 작은 일은 모두 그들
이 스스로 재판할 것이니 그리하
면 그들이 너와 함께 담당할 것
인즉 일이 네게 쉬우리라
23 네가 만일 이 일을 하고 하나님
께서도 네게 허락하시면 네가 이
일을 감당하고 이 모든 백성도
자기 곳으로 평안히 가리라
24 이에 모세가 자기 장인의 말을
듣고 그 모든 말대로 하여

18

19

20

21

22

23

24

18장

25 모세가 이스라엘 무리 중에서 능력 있는 사람들을 택하여 그들을 백성의 우두머리 곧 천부장과 백부장과 오십부장과 십부장을 삼으매

26 그들이 때를 따라 백성을 재판하되 어려운 일은 모세에게 가져오고 모든 작은 일은 스스로 재판하더라

27 모세가 그의 장인을 보내니 그가 자기 땅으로 가니라

19장

이스라엘 자손이 시내 산에 이르다

1 이스라엘 자손이 애굽 땅을 떠난 지 삼 개월이 되던 날 그들이 시내 광야에 이르니라

2 그들이 르비딤을 떠나 시내 광야에 이르러 그 광야에 장막을 치되 이스라엘이 거기 산 앞에 장막을 치니라

3 모세가 하나님 앞에 올라가니 여호와께서 산에서 그를 불러 말씀하시되 너는 이같이 야곱의 집에 말하고 이스라엘 자손들에게 말하라

4 내가 애굽 사람에게 어떻게 행하였음과 내가 어떻게 독수리 날개로 너희를 업어 내게로 인도하였음을 너희가 보았느니라

5 세계가 다 내게 속하였나니 너희가 내 말을 잘 듣고 내 언약을 지키면 너희는 모든 민족 중에서 내 소유가 되겠고

년 월 일

25

26

27

[19장] 이스라엘 자손이 시내 산에 이르다

1

2

3

4

5

시내 산 언약의 확립

19장 1절－24장 18절

19장

6 너희가 내게 대하여 제사장 나라
가 되며 거룩한 백성이 되리라
너는 이 말을 이스라엘 자손에게
전할지니라
7 모세가 내려와서 백성의 장로들
을 불러 여호와께서 자기에게 명
령하신 그 모든 말씀을 그들 앞
에 진술하니
8 백성이 일제히 응답하여 이르되
여호와께서 명령하신 대로 우리
가 다 행하리이다 모세가 백성의
말을 여호와께 전하매
9 여호와께서 모세에게 이르시되
내가 빽빽한 구름 가운데서 네게
임함은 내가 너와 말하는 것을
백성들이 듣게 하며 또한 너를
영영히 믿게 하려 함이니라 모세
가 백성의 말을 여호와께 아뢰었
으므로
10 여호와께서 모세에게 이르시되
너는 백성에게로 가서 오늘과 내
일 그들을 성결하게 하며 그들에
게 옷을 빨게 하고
11 준비하게 하여 셋째 날을 기다리
게 하라 이는 셋째 날에 나 여호
와가 온 백성의 목전에서 시내
산에 강림할 것임이니

6

7

8

9

10

11

19장

년 월 일

12 너는 백성을 위하여 주위에 경계
를 정하고 이르기를 너희는 삼가
산에 오르거나 그 경계를 침범하
지 말지니 산을 침범하는 자는
반드시 죽임을 당할 것이라
13 그런 자에게는 손을 대지 말고
돌로 쳐죽이거나 화살로 쏘아 죽
여야 하리니 짐승이나 사람을 막
론하고 살아남지 못하리라 하고
나팔을 길게 불거든 산 앞에 이
를 것이니라 하라
14 모세가 산에서 내려와 백성에게
이르러 백성을 성결하게 하니 그
들이 자기 옷을 빨더라
15 모세가 백성에게 이르되 준비하
여 셋째 날을 기다리고 여인을
가까이 하지 말라 하니라
16 셋째 날 아침에 우레와 번개와 빽
빽한 구름이 산 위에 있고 나팔
소리가 매우 크게 들리니 진중에
있는 모든 백성이 다 떨더라
17 모세가 하나님을 맞으려고 백성
을 거느리고 진에서 나오매 그들
이 산 기슭에 서 있는데
18 시내 산에 연기가 자욱하니 여호
와께서 불 가운데서 거기 강림하
심이라 그 연기가 옹기 가마 연
기 같이 떠오르고 온 산이 크게
진동하며
19 나팔 소리가 점점 커질 때에 모
세가 말한즉 하나님이 음성으로
대답하시더라
20 여호와께서 시내 산 곧 그 산 꼭
대기에 강림하시고 모세를 그리
로 부르시니 모세가 올라가매

시내 산 언약의 확립

19장 1절—24장 18절

19장

21 여호와께서 모세에게 이르시되 내려가서 백성을 경고하라 백성이 밀고 들어와 나 여호와에게로 와서 보려고 하다가 많이 죽을까 하노라

22 또 여호와에게 가까이 하는 제사장들에게 그 몸을 성결히 하게 하라 나 여호와가 그들을 칠까 하노라

23 모세가 여호와께 아뢰되 주께서 우리에게 명령하여 이르시기를 산 주위에 경계를 세워 산을 거룩하게 하라 하셨사온즉 백성이 시내 산에 오르지 못하리이다

24 여호와께서 그에게 이르시되 가라 너는 내려가서 아론과 함께 올라오고 제사장들과 백성에게는 경계를 넘어 나 여호와에게로 올라오지 못하게 하라 내가 그들을 칠까 하노라

25 모세가 백성에게 내려가서 그들에게 알리니라

21

22

23

24

25

20장

십계명(신 5:1-21)

1 하나님이 이 모든 말씀으로 말씀하여 이르시되

[20장] 십계명(신 5:1-21)

1

20장

년 월 일

2 나는 너를 애굽 땅, 종 되었던 집에서 인도하여 낸 네 하나님 여호와니라

3 너는 나 외에는 다른 신들을 네게 두지 말라

4 너를 위하여 새긴 우상을 만들지 말고 또 위로 하늘에 있는 것이나 아래로 땅에 있는 것이나 땅 아래 물 속에 있는 것의 어떤 형상도 만들지 말며

5 그것들에게 절하지 말며 그것들을 섬기지 말라 나 네 하나님 여호와는 질투하는 하나님인즉 나를 미워하는 자의 죄를 갚되 아버지로부터 아들에게로 삼사 대까지 이르게 하거니와

6 나를 사랑하고 내 계명을 지키는 자에게는 천 대까지 은혜를 베푸느니라

7 너는 네 하나님 여호와의 이름을 망령되게 부르지 말라 여호와는 그의 이름을 망령되게 부르는 자를 죄 없다 하지 아니하리라

8 안식일을 기억하여 거룩하게 지키라

9 엿새 동안은 힘써 네 모든 일을 행할 것이나

10 일곱째 날은 네 하나님 여호와의 안식일인즉 너나 네 아들이나 네 딸이나 네 남종이나 네 여종이나 네 가축이나 네 문안에 머무는 객이라도 아무 일도 하지 말라

2

3

4

5

6

7

8

9

10

시내 산 언약의 확립

19장 1절—24장 18절

20장

11 이는 엿새 동안에 나 여호와가
하늘과 땅과 바다와 그 가운데
모든 것을 만들고 일곱째 날에
쉬었음이라 그러므로 나 여호와
가 안식일을 복되게 하여 그 날
을 거룩하게 하였느니라

12 네 부모를 공경하라 그리하면 네
하나님 여호와가 네게 준 땅에서
네 생명이 길리라

13 살인하지 말라

14 간음하지 말라

15 도둑질하지 말라

16 네 이웃에 대하여 거짓 증거하지
말라

17 네 이웃의 집을 탐내지 말라 네
이웃의 아내나 그의 남종이나 그
의 여종이나 그의 소나 그의 나
귀나 무릇 네 이웃의 소유를 탐
내지 말라

백성이 두려워 떨다(신 5:22-33)

18 뭇 백성이 우레와 번개와 나팔
소리와 산의 연기를 본지라 그들
이 볼 때에 떨며 멀리 서서

19 모세에게 이르되 당신이 우리에
게 말씀하소서 우리가 들으리이
다 하나님이 우리에게 말씀하시
지 말게 하소서 우리가 죽을까
하나이다

11

12

13

14

15

16

17

백성이 두려워 떨다(신 5:22-33)

18

19

20장

20 모세가 백성에게 이르되 두려워 하지 말라 하나님이 임하심은 너희를 시험하고 너희로 경외하여 범죄하지 않게 하려 하심이니라

21 백성은 멀리 서 있고 모세는 하나님이 계신 흑암으로 가까이 가니라

제단에 관한 법

22 여호와께서 모세에게 이르시되 너는 이스라엘 자손에게 이같이 이르라 내가 하늘로부터 너희에게 말하는 것을 너희 스스로 보았으니

23 너희는 나를 비겨서 은으로나 금으로나 너희를 위하여 신상을 만들지 말고

24 내게 토단을 쌓고 그 위에 네 양과 소로 네 번제와 화목제를 드리라 내가 내 이름을 기념하게 하는 모든 곳에서 네게 임하여 복을 주리라

25 네가 내게 돌로 제단을 쌓거든 다듬은 돌로 쌓지 말라 네가 정으로 그것을 쪼면 부정하게 함이니라

26 너는 층계로 내 제단에 오르지 말라 네 하체가 그 위에서 드러날까 함이니라

21장

종에 관한 법(신 15:12-18)

1 네가 백성 앞에 세울 법규는 이러하니라

년 월 일

20

21

제단에 관한 법

22

23

24

25

26

[21장] 종에 관한 법(신 15:12-18)

1

시내 산 언약의 확립

19장 1절－24장 18절

21장

2 네가 히브리 종을 사면 그는 여섯 해 동안 섬길 것이요 일곱째 해에는 몸값을 물지 않고 나가 자유인이 될 것이며

3 만일 그가 단신으로 왔으면 단신으로 나갈 것이요 장가 들었으면 그의 아내도 그와 함께 나가려니와

4 만일 상전이 그에게 아내를 주어 그의 아내가 아들이나 딸을 낳았으면 그의 아내와 그의 자식들은 상전에게 속할 것이요 그는 단신으로 나갈 것이로되

5 만일 종이 분명히 말하기를 내가 상전과 내 처자를 사랑하니 나가서 자유인이 되지 않겠노라 하면

6 상전이 그를 데리고 재판장에게로 갈 것이요 또 그를 문이나 문설주 앞으로 데리고 가서 그것에다가 송곳으로 그의 귀를 뚫을 것이라 그는 종신토록 그 상전을 섬기리라

7 사람이 자기의 딸을 여종으로 팔았으면 그는 남종 같이 나오지 못할지며

8 만일 상전이 그를 기뻐하지 아니하여 상관하지 아니하면 그를 속량하게 할 것이나 상전이 그 여자를 속인 것이 되었으니 외국인에게는 팔지 못할 것이요

2

3

4

5

6

7

8

년 월 일

9 만일 그를 자기 아들에게 주기로 하였으면 그를 딸 같이 대우할 것이요

10 만일 상전이 다른 여자에게 장가 들지라도 그 여자의 음식과 의복과 동침하는 것은 끊지 말 것이요

11 그가 이 세 가지를 시행하지 아니하면, 여자는 속전을 내지 않고 거저 나가게 할 것이니라

9

10

11

폭행에 관한 법

12 사람을 쳐죽인 자는 반드시 죽일 것이나

13 만일 사람이 고의적으로 한 것이 아니라 나 하나님이 사람을 그의 손에 넘긴 것이면 내가 그를 위하여 한 곳을 정하리니 그 사람이 그리로 도망할 것이며

14 사람이 그의 이웃을 고의로 죽였으면 너는 그를 내 제단에서라도 잡아내려 죽일지니라

15 자기 아버지나 어머니를 치는 자는 반드시 죽일지니라

16 사람을 납치한 자가 그 사람을 팔았든지 자기 수하에 두었든지 그를 반드시 죽일지니라

17 자기의 아버지나 어머니를 저주하는 자는 반드시 죽일지니라

18 사람이 서로 싸우다가 하나가 돌이나 주먹으로 그의 상대방을 쳤으나 그가 죽지 않고 자리에 누웠다가

폭행에 관한 법

12

13

14

15

16

17

18

21장

19 지팡이를 짚고 일어나 걸으면 그
를 친 자가 형벌은 면하되 그간
의 손해를 배상하고 그가 완치되
게 할 것이니라

20 사람이 매로 그 남종이나 여종을
쳐서 당장에 죽으면 반드시 형벌
을 받으려니와

21 그가 하루나 이틀을 연명하면 형
벌을 면하리니 그는 상전의 재산
임이라

22 사람이 서로 싸우다가 임신한 여
인을 쳐서 낙태하게 하였으나 다
른 해가 없으면 그 남편의 청구
대로 반드시 벌금을 내되 재판장
의 판결을 따라 낼 것이니라

23 그러나 다른 해가 있으면 갚되
생명은 생명으로,

24 눈은 눈으로, 이는 이로, 손은 손
으로, 발은 발로,

25 덴 것은 덴 것으로, 상하게 한 것
은 상함으로, 때린 것은 때림으
로 갚을지니라

26 사람이 그 남종의 한 눈이나 여
종의 한 눈을 쳐서 상하게 하면
그 눈에 대한 보상으로 그를 놓
아 줄 것이며

27 그 남종의 이나 여종의 이를 쳐
서 빠뜨리면 그 이에 대한 보상
으로 그를 놓아 줄지니라

19

20

21

22

23

24

25

26

27

21장

임자의 책임

28 소가 남자나 여자를 받아서 죽이
면 그 소는 반드시 돌로 쳐서 죽
일 것이요 그 고기는 먹지 말 것
이며 임자는 형벌을 면하려니와

29 소가 본래 받는 버릇이 있고 그
임자는 그로 말미암아 경고를 받
았으되 단속하지 아니하여 남녀
를 막론하고 받아 죽이면 그 소
는 돌로 쳐죽일 것이고 임자도
죽일 것이며

30 만일 그에게 속죄금을 부과하면
무릇 그 명령한 것을 생명의 대
가로 낼 것이요

31 아들을 받든지 딸을 받든지 이 법
규대로 그 임자에게 행할 것이며

32 소가 만일 남종이나 여종을 받으
면 소 임자가 은 삼십 세겔을 그
의 상전에게 줄 것이요 소는 돌
로 쳐서 죽일지니라

33 사람이 구덩이를 열어두거나 구
덩이를 파고 덮지 아니하므로 소
나 나귀가 거기에 빠지면

34 그 구덩이 주인이 잘 보상하여
짐승의 임자에게 돈을 줄 것이요
죽은 것은 그가 차지할 것이니라

35 이 사람의 소가 저 사람의 소를
받아 죽이면 살아 있는 소를 팔
아 그 값을 반으로 나누고 또한
죽은 것도 반으로 나누려니와

36 그 소가 본래 받는 버릇이 있는
줄을 알고도 그 임자가 단속하지
아니하였으면 그는 소로 소를 갚
을 것이요 죽은 것은 그가 차지
할지니라

년 월 일

임자의 책임

28

29

30

31

32

33

34

35

36

시내 산 언약의 확립

19장 1절—24장 18절

22장

배상에 관한 법

1 사람이 소나 양을 도둑질하여 잡거나 팔면 그는 소 한 마리에 소 다섯 마리로 갚고 양 한 마리에 양 네 마리로 갚을지니라

2 도둑이 뚫고 들어오는 것을 보고 그를 쳐죽이면 피 흘린 죄가 없으나

3 해 돋은 후에는 피 흘린 죄가 있으리라 도둑은 반드시 배상할 것이나 배상할 것이 없으면 그 몸을 팔아 그 도둑질한 것을 배상할 것이요

4 도둑질한 것이 살아 그의 손에 있으면 소나 나귀나 양을 막론하고 갑절을 배상할지니라

5 사람이 밭에서나 포도원에서 짐승을 먹이다가 자기의 짐승을 놓아 남의 밭에서 먹게 하면 자기 밭의 가장 좋은 것과 자기 포도원의 가장 좋은 것으로 배상할지니라

6 불이 나서 가시나무에 댕겨 낟가리나 거두지 못한 곡식이나 밭을 태우면 불 놓은 자가 반드시 배상할지니라

7 사람이 돈이나 물품을 이웃에게 맡겨 지키게 하였다가 그 이웃 집에서 도둑을 맞았는데 그 도둑이 잡히면 갑절을 배상할 것이요

[22장] 배상에 관한 법

1

2

3

4

5

6

7

22장

년 월 일

8 도둑이 잡히지 아니하면 그 집
주인이 재판장 앞에 가서 자기가
그 이웃의 물품에 손 댄 여부의
조사를 받을 것이며

9 어떤 잃은 물건 즉 소나 나귀나
양이나 의복이나 또는 다른 잃은
물건에 대하여 어떤 사람이 이르
기를 이것이 그것이라 하면 양편
이 재판장 앞에 나아갈 것이요
재판장이 죄 있다고 하는 자가
그 상대편에게 갑절을 배상할지
니라

10 사람이 나귀나 소나 양이나 다른
짐승을 이웃에게 맡겨 지키게 하
였다가 죽거나 상하거나 끌려가
도 본 사람이 없으면

11 두 사람 사이에 맡은 자가 이웃
의 것에 손을 대지 아니하였다고
여호와께 맹세할 것이요 그 임자
는 그대로 믿을 것이며 그 사람
은 배상하지 아니하려니와

12 만일 자기에게서 도둑 맞았으면
그 임자에게 배상할 것이며

13 만일 찢겼으면 그것을 가져다가
증언할 것이요 그 찢긴 것에 대
하여 배상하지 아니할지니라

14 만일 이웃에게 빌려온 것이 그
임자가 함께 있지 아니할 때에
상하거나 죽으면 반드시 배상하
려니와

15 그 임자가 그것과 함께 있었으면
배상하지 아니할지니라 만일 세
낸 것이면 세로 족하니라

8

9

10

11

12

13

14

15

■ 시내 산 언약의 확립

19장 1절–24장 18절

22장

도덕에 관한 법

16 사람이 약혼하지 아니한 처녀를 꾀어 동침하였으면 납폐금을 주고 아내로 삼을 것이요

17 만일 처녀의 아버지가 딸을 그에게 주기를 거절하면 그는 처녀에게 납폐금으로 돈을 낼지니라

18 너는 무당을 살려두지 말라

19 짐승과 행음하는 자는 반드시 죽일지니라

20 여호와 외에 다른 신에게 제사를 드리는 자는 멸할지니라

21 너는 이방 나그네를 압제하지 말며 그들을 학대하지 말라 너희도 애굽 땅에서 나그네였음이라

22 너는 과부나 고아를 해롭게 하지 말라

23 네가 만일 그들을 해롭게 하므로 그들이 내게 부르짖으면 내가 반드시 그 부르짖음을 들으리라

24 나의 노가 맹렬하므로 내가 칼로 너희를 죽이리니 너희의 아내는 과부가 되고 너희 자녀는 고아가 되리라

25 네가 만일 너와 함께 한 내 백성 중에서 가난한 자에게 돈을 꾸어 주면 너는 그에게 채권자 같이 하지 말며 이자를 받지 말 것이며

도덕에 관한 법

16

17

18

19

20

21

22

23

24

25

22장

년 월 일

26 네가 만일 이웃의 옷을 전당 잡거든 해가 지기 전에 그에게 돌려보내라

27 그것이 유일한 옷이라 그것이 그의 알몸을 가릴 옷인즉 그가 무엇을 입고 자겠느냐 그가 내게 부르짖으면 내가 들으리니 나는 자비로운 자임이니라

28 너는 재판장을 모독하지 말며 백성의 지도자를 저주하지 말지니라

29 너는 네가 추수한 것과 네가 짜낸 즙을 바치기를 더디하지 말지며 네 처음 난 아들들을 내게 줄지며

30 네 소와 양도 그와 같이 하되 이레 동안 어미와 함께 있게 하다가 여드레 만에 내게 줄지니라

31 너희는 내게 거룩한 사람이 될지니 들에서 짐승에게 찢긴 동물의 고기를 먹지 말고 그것을 개에게 던질지니라

26

27

28

29

30

31

23장

공평에 관한 법

1 너는 거짓된 풍설을 퍼뜨리지 말며 악인과 연합하여 위증하는 증인이 되지 말며

2 다수를 따라 악을 행하지 말며 송사에 다수를 따라 부당한 증언을 하지 말며

3 가난한 자의 송사라고 해서 편벽되이 두둔하지 말지니라

4 네가 만일 네 원수의 길 잃은 소나 나귀를 보거든 반드시 그 사람에게로 돌릴지며

[23장] 공평에 관한 법

1

2

3

4

시내 산 언약의 확립

19장 1절—24장 18절

23장

5 네가 만일 너를 미워하는 자의
나귀가 짐을 싣고 엎드러짐을 보
거든 그것을 버려두지 말고 그것
을 도와 그 짐을 부릴지니라
6 너는 가난한 자의 송사라고 정의
를 굽게 하지 말며
7 거짓 일을 멀리 하며 무죄한 자
와 의로운 자를 죽이지 말라 나
는 악인을 의롭다 하지 아니하겠
노라
8 너는 뇌물을 받지 말라 뇌물은
밝은 자의 눈을 어둡게 하고 의
로운 자의 말을 굽게 하느니라
9 너는 이방 나그네를 압제하지 말
라 너희가 애굽 땅에서 나그네
되었었은즉 나그네의 사정을 아
느니라

안식년과 안식일에 관한 법

10 너는 여섯 해 동안은 너의 땅에
파종하여 그 소산을 거두고
11 일곱째 해에는 갈지 말고 묵혀두
어서 네 백성의 가난한 자들이
먹게 하라 그 남은 것은 들짐승
이 먹으리라 네 포도원과 감람원
도 그리할지니라

5

6

7

8

9

안식년과 안식일에 관한 법

10

11

12 너는 엿새 동안에 네 일을 하고
일곱째 날에는 쉬라 네 소와 나
귀가 쉴 것이며 네 여종의 자식
과 나그네가 숨을 돌리리라

13 내가 네게 이른 모든 일을 삼가
지키고 다른 신들의 이름은 부르
지도 말며 네 입에서 들리게도
하지 말지니라

세 가지 절기에 관한 법 (출 34:18-26; 신 16:1-17)

14 너는 매년 세 번 내게 절기를 지
킬지니라

15 너는 무교병의 절기를 지키라 내
가 네게 명령한 대로 아빕월의
정한 때에 이레 동안 무교병을
먹을지니 이는 그 달에 네가 애
굽에서 나왔음이라 빈 손으로 내
앞에 나오지 말지니라

16 맥추절을 지키라 이는 네가 수고
하여 밭에 뿌린 것의 첫 열매를
거둠이니라 수장절을 지키라 이
는 네가 수고하여 이룬 것을 연
말에 밭에서부터 거두어 저장함
이니라

17 네 모든 남자는 매년 세 번씩 주
여호와께 보일지니라

18 너는 네 제물의 피를 유교병과
함께 드리지 말며 내 절기 제물
의 기름을 아침까지 남겨두지 말
지니라

12

13

세 가지 절기에 관한 법(출 34:18-26; 신 16:1-17)

14

15

16

17

18

시내 산 언약의 확립

19장 1절—24장 18절

23장

19 네 토지에서 처음 거둔 열매의
가장 좋은 것을 가져다가 너의
하나님 여호와의 전에 드릴지니
라 너는 염소 새끼를 그 어미의
젖으로 삶지 말지니라

19

명령과 약속

20 내가 사자를 네 앞서 보내어 길
에서 너를 보호하여 너를 내가
예비한 곳에 이르게 하리니
21 너희는 삼가 그의 목소리를 청종
하고 그를 노엽게 하지 말라 그
가 너희의 허물을 용서하지 아니
할 것은 내 이름이 그에게 있음
이니라
22 네가 그의 목소리를 잘 청종하고
내 모든 말대로 행하면 내가 네
원수에게 원수가 되고 네 대적에
게 대적이 될지라
23 내 사자가 네 앞서 가서 너를 아
모리 사람과 헷 사람과 브리스
사람과 가나안 사람과 히위 사람
과 여부스 사람에게로 인도하고
나는 그들을 끊으리니
24 너는 그들의 신을 경배하지 말며
섬기지 말며 그들의 행위를 본받
지 말고 그것들을 다 깨뜨리며
그들의 주상을 부수고

명령과 약속

20

21

22

23

24

23장

25 네 하나님 여호와를 섬기라 그리
하면 여호와가 너희의 양식과 물
에 복을 내리고 너희 중에서 병
을 제하리니
26 네 나라에 낙태하는 자가 없고
임신하지 못하는 자가 없을 것이
라 내가 너의 날 수를 채우리라
27 내가 내 위엄을 네 앞서 보내어
네가 이를 곳의 모든 백성을 물
리치고 네 모든 원수들이 네게
등을 돌려 도망하게 할 것이며
28 내가 왕벌을 네 앞에 보내리니
그 벌이 히위 족속과 가나안 족
속과 헷 족속을 네 앞에서 쫓아
내리라
29 그러나 그 땅이 황폐하게 됨으로
들짐승이 번성하여 너희를 해할
까 하여 일 년 안에는 그들을 네
앞에서 쫓아내지 아니하고
30 네가 번성하여 그 땅을 기업으로
얻을 때까지 내가 그들을 네 앞
에서 조금씩 쫓아내리라
31 내가 네 경계를 홍해에서부터 블
레셋 바다까지, 광야에서부터 강
까지 정하고 그 땅의 주민을 네
손에 넘기리니 네가 그들을 네
앞에서 쫓아낼지라
32 너는 그들과 그들의 신들과 언약
하지 말라

25

26

27

28

29

30

31

32

시내 산 언약의 확립

19장 1절—24장 18절

23장

33 그들이 네 땅에 머무르지 못할 것
은 그들이 너를 내게 범죄하게 할
까 두려움이라 네가 그 신들을 섬
기면 그것이 너의 올무가 되리라

33

24장

시내 산에서 언약을 세우다

1 또 모세에게 이르시되 너는 아론
과 나답과 아비후와 이스라엘 장
로 칠십 명과 함께 여호와께로
올라와 멀리서 경배하고

2 너 모세만 여호와께 가까이 나아
오고 그들은 가까이 나아오지 말
며 백성은 너와 함께 올라오지
말지니라

3 모세가 와서 여호와의 모든 말씀
과 그의 모든 율례를 백성에게
전하매 그들이 한 소리로 응답하
여 이르되 여호와께서 말씀하신
모든 것을 우리가 준행하리이다

4 모세가 여호와의 모든 말씀을 기
록하고 이른 아침에 일어나 산
아래에 제단을 쌓고 이스라엘 열
두 지파대로 열두 기둥을 세우고

[24장] 시내 산에서 언약을 세우다

1

2

3

4

24장

년 월 일

5 이스라엘 자손의 청년들을 보내
어 여호와께 소로 번제와 화목제
를 드리게 하고

6 모세가 피를 가지고 반은 여러
양푼에 담고 반은 제단에 뿌리고

7 언약서를 가져다가 백성에게 낭
독하여 듣게 하니 그들이 이르되
여호와의 모든 말씀을 우리가 준
행하리이다

8 모세가 그 피를 가지고 백성에게
뿌리며 이르되 이는 여호와께서
이 모든 말씀에 대하여 너희와
세우신 언약의 피니라

9 모세와 아론과 나답과 아비후와
이스라엘 장로 칠십 인이 올라
가서

10 이스라엘의 하나님을 보니 그의
발 아래에는 청옥을 편 듯하고
하늘 같이 청명하더라

11 하나님이 이스라엘 자손들의 존
귀한 자들에게 손을 대지 아니하
셨고 그들은 하나님을 뵙고 먹고
마셨더라

시내 산에서 사십 일을 있다

12 여호와께서 모세에게 이르시되
너는 산에 올라 내게로 와서 거
기 있으라 네가 그들을 가르치도
록 내가 율법과 계명을 친히 기
록한 돌판을 네게 주리라

13 모세가 그의 부하 여호수아와 함
께 일어나 모세가 하나님의 산으
로 올라가며

5

6

7

8

9

10

11

시내 산에서 사십 일을 있다

12

13

24장

14 장로들에게 이르되 너희는 여기서 우리가 너희에게로 돌아오기까지 기다리라 아론과 훌이 너희와 함께 하리니 무릇 일이 있는 자는 그들에게로 나아갈지니라 하고

15 모세가 산에 오르매 구름이 산을 가리며

16 여호와의 영광이 시내 산 위에 머무르고 구름이 엿새 동안 산을 가리더니 일곱째 날에 여호와께서 구름 가운데서 모세를 부르시니라

17 산 위의 여호와의 영광이 이스라엘 자손의 눈에 맹렬한 불 같이 보였고

18 모세는 구름 속으로 들어가서 산 위에 올랐으며 모세가 사십 일 사십 야를 산에 있으니라

25장

성소를 지을 예물

1 여호와께서 모세에게 말씀하여 이르시되

2 이스라엘 자손에게 명령하여 내게 예물을 가져오라 하고 기쁜 마음으로 내는 자가 내게 바치는 모든 것을 너희는 받을지니라

3 너희가 그들에게서 받을 예물은 이러하니 금과 은과 놋과

14

15

16

17

18

[25장] 성소를 지을 예물

1

2

3

25장

4 청색 자색 홍색 실과 가는 베 실
과 염소 털과

5 붉은 물 들인 숫양의 가죽과 해
달의 가죽과 조각목과

6 등유와 관유에 드는 향료와 분향
할 향을 만들 향품과

7 호마노며 에봇과 흉패에 물릴 보
석이니라

8 내가 그들 중에 거할 성소를 그
들이 나를 위하여 짓되

9 무릇 내가 네게 보이는 모양대로
장막을 짓고 기구들도 그 모양을
따라 지을지니라

증거궤(출 37:1-9)

10 그들은 조각목으로 궤를 짜되 길
이는 두 규빗 반, 너비는 한 규빗
반, 높이는 한 규빗 반이 되게 하고

11 너는 순금으로 그것을 싸되 그
안팎을 싸고 위쪽 가장자리로 돌
아가며 금 테를 두르고

12 금 고리 넷을 부어 만들어 그 네
발에 달되 이쪽에 두 고리 저쪽
에 두 고리를 달며

13 조각목으로 채를 만들어 금으로
싸고

14 그 채를 궤 양쪽 고리에 꿰어서
궤를 메게 하며

15 채를 궤의 고리에 꿴 대로 두고
빼내지 말지며

16 내가 네게 줄 증거판을 궤 속에
둘지며

17 순금으로 속죄소를 만들되 길이
는 두 규빗 반, 너비는 한 규빗
반이 되게 하고

년 월 일

4

5

6

7

8

9

증거궤(출 37:1-9)

10

11

12

13

14

15

16

17

■ 성막과 제사장 직분에 대한 명령

25장 1절—31장 18절

25장

18 금으로 그룹 둘을 속죄소 두 끝
에 쳐서 만들되
19 한 그룹은 이 끝에, 또 한 그룹은
저 끝에 곧 속죄소 두 끝에 속죄
소와 한 덩이로 연결할지며
20 그룹들은 그 날개를 높이 펴서
그 날개로 속죄소를 덮으며 그
얼굴을 서로 대하여 속죄소를 향
하게 하고
21 속죄소를 궤 위에 얹고 내가 네
게 줄 증거판을 궤 속에 넣으라
22 거기서 내가 너와 만나고 속죄소
위 곧 증거궤 위에 있는 두 그룹
사이에서 내가 이스라엘 자손을
위하여 네게 명령할 모든 일을
네게 이르리라

진설병을 두는 상(출 37:10-16)

23 너는 조각목으로 상을 만들되 길
이는 두 규빗, 너비는 한 규빗, 높
이는 한 규빗 반이 되게 하고
24 순금으로 싸고 주위에 금 테를
두르고
25 그 주위에 손바닥 넓이만한 턱을
만들고 그 턱 주위에 금으로 테
를 만들고
26 그것을 위하여 금 고리 넷을 만
들어 그 네 발 위 네 모퉁이에
달되

18

19

20

21

22

진설병을 두는 상(출 37:10-16)

23

24

25

26

27 턱 곁에 붙이라 이는 상을 멜 채
를 꿸 곳이며

28 또 조각목으로 그 채를 만들고
금으로 싸라 상을 이것으로 멜
것이니라

29 너는 대접과 숟가락과 병과 붓는
잔을 만들되 순금으로 만들며

30 상 위에 진설병을 두어 항상 내
앞에 있게 할지니라

27

28

29

30

등잔대와 기구들(출 37:17-24)

31 너는 순금으로 등잔대를 쳐 만들
되 그 밑판과 줄기와 잔과 꽃받
침과 꽃을 한 덩이로 연결하고

32 가지 여섯을 등잔대 곁에서 나오
게 하되 다른 세 가지는 이쪽으
로 나오고 다른 세 가지는 저쪽
으로 나오게 하며

33 이쪽 가지에 살구꽃 형상의 잔
셋과 꽃받침과 꽃이 있게 하고
저쪽 가지에도 살구꽃 형상의 잔
셋과 꽃받침과 꽃이 있게 하여
등잔대에서 나온 가지 여섯을 같
게 할지며

34 등잔대 줄기에는 살구꽃 형상의
잔 넷과 꽃받침과 꽃이 있게 하고

35 등잔대에서 나온 가지 여섯을
위하여 꽃받침이 있게 하되 두
가지 아래에 한 꽃받침이 있어
줄기와 연결하며 또 두 가지 아
래에 한 꽃받침이 있어 줄기와
연결하며 또 두 가지 아래에 한
꽃받침이 있어 줄기와 연결하게
하고

등잔대와 기구들(출 37:17-24)

31

32

33

34

35

성막과 제사장 직분에 대한 명령

25장 1절—31장 18절

25장

36 그 꽃받침과 가지를 줄기와 연결하여 전부를 순금으로 쳐 만들고

37 등잔 일곱을 만들어 그 위에 두어 앞을 비추게 하며

38 그 불 집게와 불 똥 그릇도 순금으로 만들지니

39 등잔대와 이 모든 기구를 순금 한 달란트로 만들되

40 너는 삼가 이 산에서 네게 보인 양식대로 할지니라

26장

성막(출 36:8-38)

1 너는 성막을 만들되 가늘게 꼰 베 실과 청색 자색 홍색 실로 그룹을 정교하게 수 놓은 열 폭의 휘장을 만들지니

2 매 폭의 길이는 스물여덟 규빗, 너비는 네 규빗으로 각 폭의 장단을 같게 하고

3 그 휘장 다섯 폭을 서로 연결하며 다른 다섯 폭도 서로 연결하고

4 그 휘장을 이을 끝폭 가에 청색 고를 만들며 이어질 다른 끝폭 가에도 그와 같이 하고

5 휘장 끝폭 가에 고 쉰 개를 달며 다른 휘장 끝폭 가에도 고 쉰 개를 달고 그 고들을 서로 마주 보게 하고

36

37

38

39

40

[26장] 성막(출 36:8-38)

1

2

3

4

5

26장

년  월 일

6 금 갈고리 쉰 개를 만들고 그 갈고리로 휘장을 연결하여 한 성막을 이룰지며

7 그 성막을 덮는 막 곧 휘장을 염소털로 만들되 열한 폭을 만들지며

8 각 폭의 길이는 서른 규빗, 너비는 네 규빗으로 열한 폭의 길이를 같게 하고

9 그 휘장 다섯 폭을 서로 연결하며 또 여섯 폭을 서로 연결하고 그 여섯째 폭 절반은 성막 전면에 접어 드리우고

10 휘장을 이을 끝폭 가에 고 쉰 개를 달며 다른 이을 끝폭 가에도 고 쉰 개를 달고

11 놋 갈고리 쉰 개를 만들고 그 갈고리로 그 고를 꿰어 연결하여 한 막이 되게 하고

12 그 막 곧 휘장의 그 나머지 반 폭은 성막 뒤에 늘어뜨리고

13 막 곧 휘장의 길이의 남은 것은 이쪽에 한 규빗, 저쪽에 한 규빗씩 성막 좌우 양쪽에 덮어 늘어뜨리고

14 붉은 물 들인 숫양의 가죽으로 막의 덮개를 만들고 해달의 가죽으로 그 웃덮개를 만들지니라

15 너는 조각목으로 성막을 위하여 널판을 만들어 세우되

16 각 판의 길이는 열 규빗, 너비는 한 규빗 반으로 하고

17 각 판에 두 촉씩 내어 서로 연결하게 하되 너는 성막 널판을 다 그와 같이 하라

6

7

8

9

10

11

12

13

14

15

16

17

성막과 제사장 직분에 대한 명령

25장 1절—31장 18절

26장

18 너는 성막을 위하여 널판을 만들되 남쪽을 위하여 널판 스무 개를 만들고

19 스무 널판 아래에 은 받침 마흔 개를 만들지니 이쪽 널판 아래에도 그 두 촉을 위하여 두 받침을 만들고 저쪽 널판 아래에도 그 두 촉을 위하여 두 받침을 만들지며

20 성막 다른 쪽 곧 그 북쪽을 위하여도 널판 스무 개로 하고

21 은 받침 마흔 개를 이쪽 널판 아래에도 두 받침, 저쪽 널판 아래에도 두 받침으로 하며

22 성막 뒤 곧 그 서쪽을 위하여는 널판 여섯 개를 만들고

23 성막 뒤 두 모퉁이 쪽을 위하여는 널판 두 개를 만들되

24 아래에서부터 위까지 각기 두 겹 두께로 하여 윗고리에 이르게 하고 두 모퉁이 쪽을 다 그리하며

25 그 여덟 널판에는 은 받침이 열여섯이니 이쪽 판 아래에도 두 받침이요 저쪽 판 아래에도 두 받침이니라

26 너는 조각목으로 띠를 만들지니 성막 이쪽 널판을 위하여 다섯 개요

27 성막 저쪽 널판을 위하여 다섯 개요 성막 뒤 곧 서쪽 널판을 위하여 다섯 개이며

18

19

20

21

22

23

24

25

26

27

26장

년 월 일

28 널판 가운데에 있는 중간 띠는
이 끝에서 저 끝에 미치게 하고

29 그 널판들을 금으로 싸고 그 널
판들의 띠를 꿸 금 고리를 만들
고 그 띠를 금으로 싸라

30 너는 산에서 보인 양식대로 성막
을 세울지니라

31 너는 청색 자색 홍색 실과 가늘
게 꼰 베 실로 짜서 휘장을 만들
고 그 위에 그룹들을 정교하게
수 놓아서

32 금 갈고리를 네 기둥 위에 늘어
뜨리되 그 네 기둥을 조각목으로
만들고 금으로 싸서 네 은 받침
위에 둘지며

33 그 휘장을 갈고리 아래에 늘어
뜨린 후에 증거궤를 그 휘장 안
에 들여놓으라 그 휘장이 너희
를 위하여 성소와 지성소를 구
분하리라

34 너는 지성소에 있는 증거궤 위에
속죄소를 두고

35 그 휘장 바깥 북쪽에 상을 놓고
남쪽에 등잔대를 놓아 상과 마주
하게 할지며

36 청색 자색 홍색 실과 가늘게 꼰
베 실로 수 놓아 짜서 성막 문을
위하여 휘장을 만들고

37 그 휘장 문을 위하여 기둥 다섯
을 조각목으로 만들어 금으로 싸
고 그 갈고리도 금으로 만들지며
또 그 기둥을 위하여 받침 다섯
개를 놋으로 부어 만들지니라

28

29

30

31

32

33

34

35

36

37

성막과 제사장 직분에 대한 명령

25장 1절—31장 18절

27장

제단(출 38:1-7)

1 너는 조각목으로 길이가 다섯 규빗, 너비가 다섯 규빗의 제단을 만들되 네모 반듯하게 하며 높이는 삼 규빗으로 하고

2 그 네 모퉁이 위에 뿔을 만들되 그 뿔이 그것에 이어지게 하고 그 제단을 놋으로 싸고

3 재를 담는 통과 부삽과 대야와 고기 갈고리와 불 옮기는 그릇을 만들되 제단의 그릇을 다 놋으로 만들지며

4 제단을 위하여 놋으로 그물을 만들고 그 위 네 모퉁이에 놋 고리 넷을 만들고

5 그물은 제단 주위 가장자리 아래 곧 제단 절반에 오르게 할지며

6 또 그 제단을 위하여 채를 만들되 조각목으로 만들고 놋으로 쌀지며

7 제단 양쪽 고리에 그 채를 꿰어 제단을 메게 할지며

8 제단은 널판으로 속이 비게 만들되 산에서 네게 보인 대로 그들이 만들게 하라

성막의 뜰(출 38:9-20)

9 너는 성막의 뜰을 만들지니 남쪽을 향하여 뜰 남쪽에 너비가 백 규빗의 세마포 휘장을 쳐서 그 한 쪽을 당하게 할지니

[27장] 제단(출 38:1-7)

1

2

3

4

5

6

7

8

성막의 뜰(출 38:9-20)

9

27장

년 월 

10 그 기둥이 스물이며 그 받침 스물은 놋으로 하고 그 기둥의 갈고리와 가름대는 은으로 할지며

11 그 북쪽에도 너비가 백 규빗의 포장을 치되 그 기둥이 스물이며 그 기둥의 받침 스물은 놋으로 하고 그 기둥의 갈고리와 가름대는 은으로 할지며

12 뜰의 옆 곧 서쪽에 너비 쉰 규빗의 포장을 치되 그 기둥이 열이요 받침이 열이며

13 동쪽을 향하여 뜰 동쪽의 너비도 쉰 규빗이 될지며

14 문 이쪽을 위하여 포장이 열다섯 규빗이며 그 기둥이 셋이요 받침이 셋이요

15 문 저쪽을 위하여도 포장이 열다섯 규빗이며 그 기둥이 셋이요 받침이 셋이며

16 뜰 문을 위하여는 청색 자색 홍색 실과 가늘게 꼰 베 실로 수 놓아 짠 스무 규빗의 휘장이 있게 할지니 그 기둥이 넷이요 받침이 넷이며

17 뜰 주위 모든 기둥의 가름대와 갈고리는 은이요 그 받침은 놋이며

18 뜰의 길이는 백 규빗이요 너비는 쉰 규빗이요 세마포 휘장의 높이는 다섯 규빗이요 그 받침은 놋이며

19 성막에서 쓰는 모든 기구와 그 말뚝과 뜰의 포장 말뚝을 다 놋으로 할지니라

10

11

12

13

14

15

16

17

18

19

:: 성막과 제사장 직분에 대한 명령
25장 1절—31장 18절

27장

등불 관리(레 24:1-4)

20 너는 또 이스라엘 자손에게 명령
하여 감람으로 짠 순수한 기름을
등불을 위하여 네게로 가져오게
하고 끊이지 않게 등불을 켜되
21 아론과 그의 아들들로 회막 안
증거궤 앞 휘장 밖에서 저녁부터
아침까지 항상 여호와 앞에 그
등불을 보살피게 하라 이는 이스
라엘 자손이 대대로 지킬 규례이
니라

28장

제사장의 옷(출 39:1-7)

1 너는 이스라엘 자손 중 네 형 아
론과 그의 아들들 곧 아론과 아
론의 아들들 나답과 아비후와 엘
르아살과 이다말을 그와 함께 네
게로 나아오게 하여 나를 섬기는
제사장 직분을 행하게 하되
2 네 형 아론을 위하여 거룩한 옷을
지어 영화롭고 아름답게 할지니
3 너는 무릇 마음에 지혜 있는 모
든 자 곧 내가 지혜로운 영으로
채운 자들에게 말하여 아론의 옷
을 지어 그를 거룩하게 하여 내
게 제사장 직분을 행하게 하라

등불 관리(레 24:1-4)

20

21

[28장] 제사장의 옷(출 39:1-7)

1

2

3

28장

년 월 일

4 그들이 지을 옷은 이러하니 곧 흉패와 에봇과 겉옷과 반포 속옷과 관과 띠라 그들이 네 형 아론과 그 아들들을 위하여 거룩한 옷을 지어 아론이 내게 제사장 직분을 행하게 하라

5 그들이 쓸 것은 금 실과 청색 자색 홍색 실과 가늘게 꼰 베 실이니라

6 그들이 금 실과 청색 자색 홍색 실과 가늘게 꼰 베 실로 정교하게 짜서 에봇을 짓되

7 그것에 어깨받이 둘을 달아 그 두 끝을 이어지게 하고

8 에봇 위에 매는 띠는 에봇 짜는 법으로 금 실과 청색 자색 홍색 실과 가늘게 꼰 베 실로 에봇에 정교하게 붙여 짤지며

9 호마노 두 개를 가져다가 그 위에 이스라엘 아들들의 이름을 새기되

10 그들의 나이대로 여섯 이름을 한 보석에, 나머지 여섯 이름은 다른 보석에 새기라

11 보석을 새기는 자가 도장에 새김 같이 너는 이스라엘 아들들의 이름을 그 두 보석에 새겨 금 테에 물리고

12 그 두 보석을 에봇의 두 어깨받이에 붙여 이스라엘 아들들의 기념 보석을 삼되 아론이 여호와 앞에서 그들의 이름을 그 두 어깨에 메워서 기념이 되게 할지며

28장

13 너는 금으로 테를 만들고

14 순금으로 노끈처럼 두 사슬을 땋고 그 땋은 사슬을 그 테에 달지니라

판결 흉패(출 39:8-21)

15 너는 판결 흉패를 에봇 짜는 방법으로 금 실과 청색 자색 홍색 실과 가늘게 꼰 베 실로 정교하게 짜서 만들되

16 길이와 너비가 한 뼘씩 두 겹으로 네모 반듯하게 하고

17 그것에 네 줄로 보석을 물리되 첫 줄은 홍보석 황옥 녹주옥이요

18 둘째 줄은 석류석 남보석 홍마노요

19 셋째 줄은 호박 백마노 자수정이요

20 넷째 줄은 녹보석 호마노 벽옥으로 다 금 테에 물릴지니

21 이 보석들은 이스라엘 아들들의 이름대로 열둘이라 보석마다 열두 지파의 한 이름씩 도장을 새기는 법으로 새기고

22 순금으로 노끈처럼 땋은 사슬을 흉패 위에 붙이고

23 또 금 고리 둘을 만들어 흉패 위 곧 흉패 두 끝에 그 두 고리를 달고

13

14

판결 흉패(출 39:8-21)

15

16

17

18

19

20

21

22

23

년 월 일

24 땋은 두 금 사슬로 흉패 두 끝 두
고리에 꿰어 매고
25 두 땋은 사슬의 다른 두 끝을 에봇
앞 두 어깨받이의 금 테에 매고
26 또 금 고리 둘을 만들어 흉패 아
래 양쪽 가 안쪽 곧 에봇에 닿은
곳에 달고
27 또 금 고리 둘을 만들어 에봇 앞
두 어깨받이 아래 매는 자리 가
까운 쪽 곧 정교하게 짠 띠 위쪽
에 달고
28 청색 끈으로 흉패 고리와 에봇
고리에 꿰어 흉패로 정교하게 짠
에봇 띠 위에 붙여 떨어지지 않
게 하라
29 아론이 성소에 들어갈 때에는 이
스라엘 아들들의 이름을 기록한
이 판결 흉패를 가슴에 붙여 여
호와 앞에 영원한 기념을 삼을
것이니라
30 너는 우림과 둠밈을 판결 흉패
안에 넣어 아론이 여호와 앞에
들어갈 때에 그의 가슴에 붙이게
하라 아론은 여호와 앞에서 이스
라엘 자손의 흉패를 항상 그의
가슴에 붙일지니라

제사장의 또 다른 옷(출 39:22-31)

31 너는 에봇 받침 겉옷을 전부 청
색으로 하되

24

25

26

27

28

29

30

제사장의 또 다른 옷(출 39:22-31)

31

∷ 성막과 제사장 직분에 대한 명령

25장 1절—31장 18절

28장

32 두 어깨 사이에 머리 들어갈 구멍
을 내고 그 주위에 갑옷 깃 같이
깃을 짜서 찢어지지 않게 하고
33 그 옷 가장자리로 돌아가며 청색
자색 홍색 실로 석류를 수 놓고
금 방울을 간격을 두어 달되
34 그 옷 가장자리로 돌아가며 한
금 방울, 한 석류, 한 금 방울, 한
석류가 있게 하라
35 아론이 입고 여호와를 섬기러 성
소에 들어갈 때와 성소에서 나올
때에 그 소리가 들릴 것이라 그
리하면 그가 죽지 아니하리라
36 너는 또 순금으로 패를 만들어 도
장을 새기는 법으로 그 위에 새기
되 '여호와께 성결'이라 하고
37 그 패를 청색 끈으로 관 위에 매
되 곧 관 전면에 있게 하라
38 이 패를 아론의 이마에 두어 그
가 이스라엘 자손이 거룩하게 드
리는 성물과 관련된 죄책을 담당
하게 하라 그 패가 아론의 이마
에 늘 있으므로 그 성물을 여호
와께서 받으시게 되리라
39 너는 가는 베 실로 반포 속옷을
짜고 가는 베 실로 관을 만들고
띠를 수 놓아 만들지니라
40 너는 아론의 아들들을 위하여 속
옷을 만들며 그들을 위하여 띠를
만들며 그들을 위하여 관을 만들
어 영화롭고 아름답게 하되

32

33

34

35

36

37

38

39

40

28장

41 너는 그것들로 네 형 아론과 그
와 함께 한 그의 아들들에게 입
히고 그들에게 기름을 부어 위임
하고 거룩하게 하여 그들이 제사
장 직분을 내게 행하게 할지며

42 또 그들을 위하여 베로 속바지를
만들어 허리에서부터 두 넓적다
리까지 이르게 하여 하체를 가리
게 하라

43 아론과 그의 아들들이 회막에 들
어갈 때에나 제단에 가까이 하여
거룩한 곳에서 섬길 때에 그것들
을 입어야 죄를 짊어진 채 죽지
아니하리니 그와 그의 후손이 영
원히 지킬 규례니라

29장

제사장 직분 위임(레 8:1-36)

1 네가 그들에게 나를 섬길 제사장
직분을 위임하여 그들을 거룩하
게 할 일은 이러하니 곧 어린 수
소 하나와 흠 없는 숫양 둘을 택
하고

2 무교병과 기름 섞인 무교 과자와
기름 바른 무교 전병을 모두 고
운 밀가루로 만들고

3 그것들을 한 광주리에 담고 그것
을 광주리에 담은 채 그 송아지
와 두 양과 함께 가져오라

4 너는 아론과 그의 아들들을 회막
문으로 데려다가 물로 씻기고

5 의복을 가져다가 아론에게 속옷
과 에봇 받침 겉옷과 에봇을 입
히고 흉패를 달고 에봇에 정교하
게 짠 띠를 띠게 하고

년 월 일

41

42

43

[29장] 제사장 직분 위임(레 8:1-36)

1

2

3

4

5

성막과 제사장 직분에 대한 명령

25장 1절—31장 18절

29장

6 그의 머리에 관을 씌우고 그 위
에 거룩한 패를 더하고
7 관유를 가져다가 그의 머리에 부
어 바르고
8 그의 아들들을 데려다가 그들에
게 속옷을 입히고
9 아론과 그의 아들들에게 띠를 띠
우며 관을 씌워 그들에게 제사장
의 직분을 맡겨 영원한 규례가
되게 하라 너는 이같이 아론과
그의 아들들에게 위임하여 거룩
하게 할지니라
10 너는 수송아지를 회막 앞으로 끌
어오고 아론과 그의 아들들은 그
송아지 머리에 안수할지며
11 너는 회막 문 여호와 앞에서 그
송아지를 잡고
12 그 피를 네 손가락으로 제단 뿔
들에 바르고 그 피 전부를 제단
밑에 쏟을지며
13 내장에 덮인 모든 기름과 간 위
에 있는 꺼풀과 두 콩팥과 그 위
의 기름을 가져다가 제단 위에
불사르고
14 그 수소의 고기와 가죽과 똥을
진 밖에서 불사르라 이는 속죄제
니라
15 너는 또 숫양 한 마리를 끌어오
고 아론과 그의 아들들은 그 숫
양의 머리 위에 안수할지며

6

7

8

9

10

11

12

13

14

15

29장

년 월 일

16 너는 그 숫양을 잡고 그 피를 가
져다가 제단 위의 주위에 뿌리고
17 그 숫양의 각을 뜨고 그 장부와
다리는 씻어 각을 뜬 고기와 그
머리와 함께 두고
18 그 숫양 전부를 제단 위에 불사
르라 이는 여호와께 드리는 번제
요 이는 향기로운 냄새니 여호와
께 드리는 화제니라
19 너는 다른 숫양을 택하고 아론과
그 아들들은 그 숫양의 머리 위
에 안수할지며
20 너는 그 숫양을 잡고 그것의 피
를 가져다가 아론의 오른쪽 귓부
리와 그의 아들들의 오른쪽 귓부
리에 바르고 그 오른손 엄지와
오른발 엄지에 바르고 그 피를
제단 주위에 뿌리고
21 제단 위의 피와 관유를 가져다가
아론과 그의 옷과 그의 아들들과
그의 아들들의 옷에 뿌리라 그와
그의 옷과 그의 아들들과 그의
아들들의 옷이 거룩하리라
22 또 너는 그 숫양의 기름과 기름
진 꼬리와 그것의 내장에 덮인
기름과 간 위의 꺼풀과 두 콩팥
과 그것들 위의 기름과 오른쪽
넓적다리를 가지라 이는 위임식
의 숫양이라
23 또 여호와 앞에 있는 무교병 광
주리에서 떡 한 개와 기름 바른
과자 한 개와 전병 한 개를 가져
다가
24 그 전부를 아론의 손과 그의 아
들들의 손에 주고 그것을 흔들어
여호와 앞에 요제를 삼을지며

16

17

18

19

20

21

22

23

24

성막과 제사장 직분에 대한 명령

25장 1절—31장 18절

29장

25 너는 그것을 그들의 손에서 가져
다가 제단 위에서 번제물을 더하
여 불사르라 이는 여호와 앞에
향기로운 냄새니 곧 여호와께 드
리는 화제니라
26 너는 아론의 위임식 숫양의 가슴
을 가져다가 여호와 앞에 흔들어
요제를 삼으라 이것이 네 분깃이
니라
27 너는 그 흔든 요제물 곧 아론과
그의 아들들의 위임식 숫양의 가
슴과 넓적다리를 거룩하게 하라
28 이는 이스라엘 자손이 아론과 그
의 자손에게 돌릴 영원한 분깃이
요 거제물이니 곧 이스라엘 자손
이 화목제의 제물 중에서 취한
거제물로서 여호와께 드리는 거
제물이니라
29 아론의 성의는 후에 아론의 아들
들에게 돌릴지니 그들이 그것을
입고 기름 부음으로 위임을 받을
것이며
30 그를 이어 제사장이 되는 아들이
회막에 들어가서 성소에서 섬길
때에는 이레 동안 그것을 입을지
니라
31 너는 위임식 숫양을 가져다가 거
룩한 곳에서 그 고기를 삶고
32 아론과 그의 아들들은 회막 문에
서 그 숫양의 고기와 광주리에
있는 떡을 먹을지라

25

26

27

28

29

30

31

32

29장

년 월 일

33 그들은 속죄물 곧 그들을 위임하
며 그들을 거룩하게 하는 데 쓰
는 것을 먹되 타인은 먹지 못할
지니 그것이 거룩하기 때문이라
34 위임식 고기나 떡이 아침까지 남
아 있으면 그것을 불에 사를지니
이는 거룩한즉 먹지 못할지니라
35 너는 내가 네게 한 모든 명령대
로 아론과 그의 아들들에게 그같
이 하여 이레 동안 위임식을 행
하되
36 매일 수송아지 하나로 속죄하기
위하여 속죄제를 드리며 또 제단
을 위하여 속죄하여 깨끗하게 하
고 그것에 기름을 부어 거룩하게
하라
37 너는 이레 동안 제단을 위하여
속죄하여 거룩하게 하라 그리하
면 지극히 거룩한 제단이 되리니
제단에 접촉하는 모든 것이 거룩
하리라

33

34

35

36

37

매일 드릴 번제(민 28:1-8)

38 네가 제단 위에 드릴 것은 이러
하니라 매일 일 년 된 어린 양 두
마리니
39 한 어린 양은 아침에 드리고 한
어린 양은 저녁 때에 드릴지며
40 한 어린 양에 고운 밀가루 십분의
일 에바와 찧은 기름 사분의 일
힌을 더하고 또 전제로 포도주
사분의 일 힌을 더할지며

매일 드릴 번제(민 28:1-8)

38

39

40

∷ 성막과 제사장 직분에 대한 명령

25장 1절—31장 18절

29장

41 한 어린 양은 저녁 때에 드리되
아침에 한 것처럼 소제와 전제를
그것과 함께 드려 향기로운 냄새
가 되게 하여 여호와께 화제로
삼을지니
42 이는 너희가 대대로 여호와 앞
회막 문에서 늘 드릴 번제라 내
가 거기서 너희와 만나고 네게
말하리라
43 내가 거기서 이스라엘 자손을 만
나리니 내 영광으로 말미암아 회
막이 거룩하게 될지라
44 내가 그 회막과 제단을 거룩하게
하며 아론과 그의 아들들도 거룩
하게 하여 내게 제사장 직분을
행하게 하며
45 내가 이스라엘 자손 중에 거하여
그들의 하나님이 되리니
46 그들은 내가 그들의 하나님 여호
와로서 그들 중에 거하려고 그들
을 애굽 땅에서 인도하여 낸 줄
을 알리라 나는 그들의 하나님
여호와니라

41

42

43

44

45

46

30장

분향할 제단(출 37:25-28)

1 너는 분향할 제단을 만들지니 곧
조각목으로 만들되

[30장] 분향할 제단(출 37:25-28)

1

30장

2 길이가 한 규빗, 너비가 한 규빗
으로 네모가 반듯하게 하고 높이
는 두 규빗으로 하며 그 뿔을 그
것과 이어지게 하고

3 제단 상면과 전후 좌우 면과 뿔
을 순금으로 싸고 주위에 금 테
를 두를지며

4 테 아래 양쪽에 금 고리 둘을 만
들되 곧 그 양쪽에 만들지니 이
는 제단을 메는 채를 꿸 곳이며

5 그 채를 조각목으로 만들고 금으
로 싸고

6 그 제단을 증거궤 위 속죄소 맞
은편 곧 증거궤 앞에 있는 휘장
밖에 두라 그 속죄소는 내가 너
와 만날 곳이며

7 아론이 아침마다 그 위에 향기로
운 향을 사르되 등불을 손질할
때에 사를지며

8 또 저녁 때 등불을 켤 때에 사를
지니 이 향은 너희가 대대로 여
호와 앞에 끊지 못할지며

9 너희는 그 위에 다른 향을 사르
지 말며 번제나 소제를 드리지
말며 전제의 술을 붓지 말며

10 아론이 일 년에 한 번씩 이 향단
뿔을 위하여 속죄하되 속죄제의
피로 일 년에 한 번씩 대대로 속
죄할지니라 이 제단은 여호와께
지극히 거룩하니라

회막 봉사에 쓰는 속전

11 여호와께서 모세에게 말씀하여
이르시되

년 월 일

2

3

4

5

6

7

8

9

10

회막 봉사에 쓰는 속전

11

성막과 제사장 직분에 대한 명령

25장 1절—31장 18절

30장

12 네가 이스라엘 자손의 수효를 조
사할 때에 조사 받은 각 사람은
그들을 계수할 때에 자기의 생명
의 속전을 여호와께 드릴지니 이
는 그들을 계수할 때에 그들 중
에 질병이 없게 하려 함이라

13 무릇 계수 중에 드는 자마다 성
소의 세겔로 반 세겔을 낼지니
한 세겔은 이십 게라라 그 반 세
겔을 여호와께 드릴지며

14 계수 중에 드는 모든 자 곧 스무
살 이상 된 자가 여호와께 드리되

15 너희의 생명을 대속하기 위하여
여호와께 드릴 때에 부자라고 반
세겔에서 더 내지 말고 가난한
자라고 덜 내지 말지며

16 너는 이스라엘 자손에게서 속전
을 취하여 회막 봉사에 쓰라 이
것이 여호와 앞에서 이스라엘 자
손의 기념이 되어서 너희의 생명
을 대속하리라

12

13

14

15

16

놋 물두멍

17 여호와께서 모세에게 말씀하여
이르시되

18 너는 물두멍을 놋으로 만들고 그
받침도 놋으로 만들어 씻게 하되
그것을 회막과 제단 사이에 두고
그 속에 물을 담으라

놋 물두멍

17

18

30장

년 월 일

19 아론과 그의 아들들이 그 두멍에
서 수족을 씻되
20 그들이 회막에 들어갈 때에 물로
씻어 죽기를 면할 것이요 제단에
가까이 가서 그 직분을 행하여
여호와 앞에 화제를 사를 때에도
그리 할지니라
21 이와 같이 그들이 그 수족을 씻
어 죽기를 면할지니 이는 그와
그의 자손이 대대로 영원히 지킬
규례니라

거룩한 향기름

22 여호와께서 모세에게 또 말씀하
여 이르시되
23 너는 상등 향품을 가지되 액체
몰약 오백 세겔과 그 반수의 향
기로운 육계 이백오십 세겔과 향
기로운 창포 이백오십 세겔과
24 계피 오백 세겔을 성소의 세겔로
하고 감람 기름 한 힌을 가지고
25 그것으로 거룩한 관유를 만들되
향을 제조하는 법대로 향기름을
만들지니 그것이 거룩한 관유가
될지라
26 너는 그것을 회막과 증거궤에 바
르고
27 상과 그 모든 기구이며 등잔대와
그 기구이며 분향단과
28 및 번제단과 그 모든 기구와 물
두멍과 그 받침에 발라

19

20

21

거룩한 향기름

22

23

24

25

26

27

28

∷ 성막과 제사장 직분에 대한 명령

25장 1절–31장 18절

30장

29 그것들을 지극히 거룩한 것으로
구별하라 이것에 접촉하는 것은
모두 거룩하리라

30 너는 아론과 그의 아들들에게 기
름을 발라 그들을 거룩하게 하고
그들이 내게 제사장 직분을 행하
게 하고

31 이스라엘 자손에게 말하여 이르
기를 이것은 너희 대대로 내게
거룩한 관유니

32 사람의 몸에 붓지 말며 이 방법
대로 이와 같은 것을 만들지 말
라 이는 거룩하니 너희는 거룩히
여기라

33 이와 같은 것을 만드는 모든 자
와 이것을 타인에게 붓는 모든
자는 그 백성 중에서 끊어지리라
하라

거룩한 향

34 여호와께서 모세에게 이르시되
너는 소합향과 나감향과 풍자향
의 향품을 가져다가 그 향품을
유향에 섞되 각기 같은 분량으로
하고

35 그것으로 향을 만들되 향 만드는
법대로 만들고 그것에 소금을 쳐
서 성결하게 하고

29

30

31

32

33

거룩한 향

34

35

30장

36 그 향 얼마를 곱게 찧어 내가 너와 만날 회막 안 증거궤 앞에 두라 이 향은 너희에게 지극히 거룩하니라

37 네가 여호와를 위하여 만들 향은 거룩한 것이니 너희를 위하여는 그 방법대로 만들지 말라

38 냄새를 맡으려고 이같은 것을 만드는 모든 자는 그 백성 중에서 끊어지리라

31장

회막 기구를 만들게 하라 (출 35:30-36:1)

1 여호와께서 모세에게 말씀하여 이르시되

2 내가 유다 지파 훌의 손자요 우리의 아들인 브살렐을 지명하여 부르고

3 하나님의 영을 그에게 충만하게 하여 지혜와 총명과 지식과 여러 가지 재주로

4 정교한 일을 연구하여 금과 은과 놋으로 만들게 하며

5 보석을 깎아 물리며 여러 가지 기술로 나무를 새겨 만들게 하리라

6 내가 또 단 지파 아히사막의 아들 오홀리압을 세워 그와 함께 하게 하며 지혜로운 마음이 있는 모든 자에게 내가 지혜를 주어 그들이 내가 네게 명령한 것을 다 만들게 할지니

7 곧 회막과 증거궤와 그 위의 속죄소와 회막의 모든 기구와

년 월 일

36

37

38

[31장] 회막 기구를 만들게 하라(출 35:30-36:1)

1

2

3

4

5

6

7

31장

8 상과 그 기구와 순금 등잔대와 그 모든 기구와 분향단과

9 번제단과 그 모든 기구와 물두멍과 그 받침과

10 제사직을 행할 때에 입는 정교하게 짠 의복 곧 제사장 아론의 성의와 그의 아들들의 옷과

11 관유와 성소의 향기로운 향이라 무릇 내가 네게 명령한 대로 그들이 만들지니라

안식일

12 여호와께서 모세에게 말씀하여 이르시되

13 너는 이스라엘 자손에게 말하여 이르기를 너희는 나의 안식일을 지키라 이는 나와 너희 사이에 너희 대대의 표징이니 나는 너희를 거룩하게 하는 여호와인 줄 너희가 알게 함이라

14 너희는 안식일을 지킬지니 이는 너희에게 거룩한 날이 됨이니라 그 날을 더럽히는 자는 모두 죽일지며 그 날에 일하는 자는 모두 그 백성 중에서 그 생명이 끊어지리라

15 엿새 동안은 일할 것이나 일곱째 날은 큰 안식일이니 여호와께 거룩한 것이라 안식일에 일하는 자는 누구든지 반드시 죽일지니라

8

9

10

11

안식일

12

13

14

15

31장

16 이같이 이스라엘 자손이 안식일
을 지켜서 그것으로 대대로 영원
한 언약을 삼을 것이니

17 이는 나와 이스라엘 자손 사이에
영원한 표징이며 나 여호와가 엿
새 동안에 천지를 창조하고 일곱
째 날에 일을 마치고 쉬었음이니
라 하라

증거판

18 여호와께서 시내 산 위에서 모세
에게 이르시기를 마치신 때에 증
거판 둘을 모세에게 주시니 이는
돌판이요 하나님이 친히 쓰신 것
이더라

16

17

증거판

18

32장

금 송아지(신 9:6-29)

1 백성이 모세가 산에서 내려옴이
더딤을 보고 모여 백성이 아론에
게 이르러 말하되 일어나라 우리
를 위하여 우리를 인도할 신을
만들라 이 모세 곧 우리를 애굽
땅에서 인도하여 낸 사람은 어찌
되었는지 알지 못함이니라

2 아론이 그들에게 이르되 너희의
아내와 자녀의 귀에서 금 고리를
빼어 내게로 가져오라

3 모든 백성이 그 귀에서 금 고리
를 빼어 아론에게로 가져가매

[32장] 금 송아지(신 9:6-29)

1

2

3

∷ 파괴되었다가 회복된 언약

32장 1절—34장 35절

32장

4 아론이 그들의 손에서 금 고리를 받아 부어서 조각칼로 새겨 송아지 형상을 만드니 그들이 말하되 이스라엘아 이는 너희를 애굽 땅에서 인도하여 낸 너희의 신이로다 하는지라

5 아론이 보고 그 앞에 제단을 쌓고 이에 아론이 공포하여 이르되 내일은 여호와의 절일이니라 하니

6 이튿날에 그들이 일찍이 일어나 번제를 드리며 화목제를 드리고 백성이 앉아서 먹고 마시며 일어나서 뛰놀더라

7 여호와께서 모세에게 이르시되 너는 내려가라 네가 애굽 땅에서 인도하여 낸 네 백성이 부패하였도다

8 그들이 내가 그들에게 명령한 길을 속히 떠나 자기를 위하여 송아지를 부어 만들고 그것을 예배하며 그것에게 제물을 드리며 말하기를 이스라엘아 이는 너희를 애굽 땅에서 인도하여 낸 너희 신이라 하였도다

9 여호와께서 또 모세에게 이르시되 내가 이 백성을 보니 목이 뻣뻣한 백성이로다

32장

년 월 일

10 그런즉 내가 하는 대로 두라 내
가 그들에게 진노하여 그들을 진
멸하고 너를 큰 나라가 되게 하
리라

11 모세가 그의 하나님 여호와께 구
하여 이르되 여호와여 어찌하여
그 큰 권능과 강한 손으로 애굽
땅에서 인도하여 내신 주의 백성
에게 진노하시나이까

12 어찌하여 애굽 사람들이 이르기
를 여호와가 자기의 백성을 산에
서 죽이고 지면에서 진멸하려는
악한 의도로 인도해 내었다고 말
하게 하시려 하나이까 주의 맹렬
한 노를 그치시고 뜻을 돌이키사
주의 백성에게 이 화를 내리지
마옵소서

13 주의 종 아브라함과 이삭과 이
스라엘을 기억하소서 주께서 그
들을 위하여 주를 가리켜 맹세하
여 이르시기를 내가 너희의 자손
을 하늘의 별처럼 많게 하고 내
가 허락한 이 온 땅을 너희의 자
손에게 주어 영원한 기업이 되게
하리라 하셨나이다

14 여호와께서 뜻을 돌이키사 말씀
하신 화를 그 백성에게 내리지
아니하시니라

15 모세가 돌이켜 산에서 내려오는
데 두 증거판이 그의 손에 있고
그 판의 양면 이쪽 저쪽에 글자
가 있으니

16 그 판은 하나님이 만드신 것이요
글자는 하나님이 쓰셔서 판에 새
기신 것이더라

10

11

12

13

14

15

16

출애굽기

파괴되었다가 회복된 언약

32장 1절—34장 35절

32장

17 여호수아가 백성들의 요란한 소
리를 듣고 모세에게 말하되 진중
에서 싸우는 소리가 나나이다

18 모세가 이르되 이는 승전가도 아
니요 패하여 부르짖는 소리도 아
니라 내가 듣기에는 노래하는 소
리로다 하고

19 진에 가까이 이르러 그 송아지와
그 춤 추는 것들을 보고 크게 노
하여 손에서 그 판들을 산 아래
로 던져 깨뜨리니라

20 모세가 그들이 만든 송아지를 가
져다가 불살라 부수어 가루를 만
들어 물에 뿌려 이스라엘 자손에
게 마시게 하니라

21 모세가 아론에게 이르되 이 백성
이 당신에게 어떻게 하였기에 당
신이 그들을 큰 죄에 빠지게 하
였느냐

22 아론이 이르되 내 주여 노하지
마소서 이 백성의 악함을 당신이
아나이다

23 그들이 내게 말하기를 우리를 위
하여 우리를 인도할 신을 만들라
이 모세 곧 우리를 애굽 땅에서
인도하여 낸 사람은 어찌 되었는
지 알 수 없노라 하기에

24 내가 그들에게 이르기를 금이 있
는 자는 빼내라 한즉 그들이 그것
을 내게로 가져왔기로 내가 불에
던졌더니 이 송아지가 나왔나이다

17

18

19

20

21

22

23

24

32장

년  

25 모세가 본즉 백성이 방자하니 이는 아론이 그들을 방자하게 하여 원수에게 조롱거리가 되게 하였음이라

26 이에 모세가 진 문에 서서 이르되 누구든지 여호와의 편에 있는 자는 내게로 나아오라 하매 레위 자손이 다 모여 그에게로 가는지라

27 모세가 그들에게 이르되 이스라엘의 하나님 여호와께서 이렇게 말씀하시기를 너희는 각각 허리에 칼을 차고 진 이 문에서 저 문까지 왕래하며 각 사람이 그 형제를, 각 사람이 자기의 친구를, 각 사람이 자기의 이웃을 죽이라 하셨느니라

28 레위 자손이 모세의 말대로 행하매 이 날에 백성 중에 삼천 명 가량이 죽임을 당하니라

29 모세가 이르되 각 사람이 자기의 아들과 자기의 형제를 쳤으니 오늘 여호와께 헌신하게 되었느니라 그가 오늘 너희에게 복을 내리시리라

30 이튿날 모세가 백성에게 이르되 너희가 큰 죄를 범하였도다 내가 이제 여호와께로 올라가노니 혹 너희를 위하여 속죄가 될까 하노라 하고

31 모세가 여호와께로 다시 나아가 여짜오되 슬프도소이다 이 백성이 자기들을 위하여 금 신을 만들었사오니 큰 죄를 범하였나이다

파괴되었다가 회복된 언약

32장 1절—34장 35절

32장

32 그러나 이제 그들의 죄를 사하시
옵소서 그렇지 아니하시오면 원
하건대 주께서 기록하신 책에서
내 이름을 지워 버려 주옵소서
33 여호와께서 모세에게 이르시되
누구든지 내게 범죄하면 내가 내
책에서 그를 지워 버리리라
34 이제 가서 내가 네게 말한 곳으
로 백성을 인도하라 내 사자가
네 앞서 가리라 그러나 내가 보
응할 날에는 그들의 죄를 보응하
리라
35 여호와께서 백성을 치시니 이는
그들이 아론이 만든 바 그 송아
지를 만들었음이더라

33장

시내 산을 떠나라고 명하시다

1 여호와께서 모세에게 이르시되
너는 네가 애굽 땅에서 인도하여
낸 백성과 함께 여기를 떠나서
내가 아브라함과 이삭과 야곱에
게 맹세하여 네 자손에게 주기로
한 그 땅으로 올라가라
2 내가 사자를 너보다 앞서 보내어
가나안 사람과 아모리 사람과 헷
사람과 브리스 사람과 히위 사람
과 여부스 사람을 쫓아내고

32

33

34

35

[33장] 시내 산을 떠나라고 명하시다

1

2

33장

년 월 일

3 너희를 젖과 꿀이 흐르는 땅에
이르게 하려니와 나는 너희와 함
께 올라가지 아니하리니 너희는
목이 곧은 백성인즉 내가 길에서
너희를 진멸할까 염려함이니라
하시니

4 백성이 이 준엄한 말씀을 듣고
슬퍼하여 한 사람도 자기의 몸을
단장하지 아니하니

5 여호와께서 모세에게 이르시기
를 이스라엘 자손에게 이르라 너
희는 목이 곧은 백성인즉 내가
한 순간이라도 너희 가운데에 이
르면 너희를 진멸하리니 너희는
장신구를 떼어 내라 그리하면 내
가 너희에게 어떻게 할 것인지
정하겠노라 하셨음이라

6 이스라엘 자손이 호렙 산에서부
터 그들의 장신구를 떼어 내니라

회막

7 모세가 항상 장막을 취하여 진
밖에 쳐서 진과 멀리 떠나게 하
고 회막이라 이름하니 여호와를
앙모하는 자는 다 진 바깥 회막
으로 나아가며

8 모세가 회막으로 나아갈 때에는
백성이 다 일어나 자기 장막 문
에 서서 모세가 회막에 들어가기
까지 바라보며

3

4

5

6

회막

7

8

파괴되었다가 회복된 언약

32장 1절–34장 35절

33장

9 모세가 회막에 들어갈 때에 구름
기둥이 내려 회막 문에 서며 여
호와께서 모세와 말씀하시니
10 모든 백성이 회막 문에 구름 기둥
이 서 있는 것을 보고 다 일어나
각기 장막 문에 서서 예배하며
11 사람이 자기의 친구와 이야기함
같이 여호와께서는 모세와 대면
하여 말씀하시며 모세는 진으로
돌아오나 눈의 아들 젊은 수종자
여호수아는 회막을 떠나지 아니
하니라

여호와께서 친히 가리라 하시다

12 모세가 여호와께 아뢰되 보시옵
소서 주께서 내게 이 백성을 인
도하여 올라가라 하시면서 나와
함께 보낼 자를 내게 지시하지
아니하시나이다 주께서 전에 말
씀하시기를 나는 이름으로도 너
를 알고 너도 내 앞에 은총을 입
었다 하셨사온즉
13 내가 참으로 주의 목전에 은총을
입었사오면 원하건대 주의 길을
내게 보이사 내게 주를 알리시고
나로 주의 목전에 은총을 입게
하시며 이 족속을 주의 백성으로
여기소서
14 여호와께서 이르시되 내가 친히
가리라 내가 너를 쉬게 하리라

9

10

11

여호와께서 친히 가리라 하시다

12

13

14

33장

15 모세가 여호와께 아뢰되 주께서
친히 가지 아니하시려거든 우리
를 이 곳에서 올려 보내지 마옵
소서

16 나와 주의 백성이 주의 목전에
은총 입은 줄을 무엇으로 알리이
까 주께서 우리와 함께 행하심으
로 나와 주의 백성을 천하 만민
중에 구별하심이 아니니이까

17 여호와께서 모세에게 이르시되
네가 말하는 이 일도 내가 하리니
너는 내 목전에 은총을 입었고
내가 이름으로도 너를 앎이니라

18 모세가 이르되 원하건대 주의 영
광을 내게 보이소서

19 여호와께서 이르시되 내가 내 모
든 선한 것을 네 앞으로 지나가
게 하고 여호와의 이름을 네 앞
에 선포하리라 나는 은혜 베풀
자에게 은혜를 베풀고 긍휼히 여
길 자에게 긍휼을 베푸느니라

20 또 이르시되 네가 내 얼굴을 보
지 못하리니 나를 보고 살 자가
없음이니라

21 여호와께서 또 이르시기를 보라
내 곁에 한 장소가 있으니 너는
그 반석 위에 서라

22 내 영광이 지나갈 때에 내가 너
를 반석 틈에 두고 내가 지나도
록 내 손으로 너를 덮었다가

23 손을 거두리니 네가 내 등을 볼
것이요 얼굴은 보지 못하리라

년 월 일

15

16

17

18

19

20

21

22

23

∷ 파괴되었다가 회복된 언약

32장 1절–34장 35절

34장

두 번째 돌판(신 10:1-5)

1 여호와께서 모세에게 이르시되 너는 돌판 둘을 처음 것과 같이 다듬어 만들라 네가 깨뜨린 처음 판에 있던 말을 내가 그 판에 쓰리니

2 아침까지 준비하고 아침에 시내 산에 올라와 산 꼭대기에서 내게 보이되

3 아무도 너와 함께 오르지 말며 온 산에 아무도 나타나지 못하게 하고 양과 소도 산 앞에서 먹지 못하게 하라

4 모세가 돌판 둘을 처음 것과 같이 깎아 만들고 아침에 일찍이 일어나 그 두 돌판을 손에 들고 여호와의 명령대로 시내 산에 올라가니

5 여호와께서 구름 가운데에 강림하사 그와 함께 거기 서서 여호와의 이름을 선포하실새

6 여호와께서 그의 앞으로 지나시며 선포하시되 여호와라 여호와라 자비롭고 은혜롭고 노하기를 더디하고 인자와 진실이 많은 하나님이라

7 인자를 천대까지 베풀며 악과 과실과 죄를 용서하리라 그러나 벌을 면제하지는 아니하고 아버지의 악행을 자손 삼사 대까지 보응하리라

[34장] 두 번째 돌판(신 10:1-5)

1

2

3

4

5

6

7

년 월 일

8 모세가 급히 땅에 엎드려 경배
하며
9 이르되 주여 내가 주께 은총을
입었거든 원하건대 주는 우리와
동행하옵소서 이는 목이 뻣뻣한
백성이니이다 우리의 악과 죄를
사하시고 우리를 주의 기업으로
삼으소서

다시 언약을 세우시다
(출 23:14-19; 신 7:1-5; 16:1-17)

10 여호와께서 이르시되 보라 내
가 언약을 세우나니 곧 내가 아
직 온 땅 아무 국민에게도 행하
지 아니한 이적을 너희 전체 백
성 앞에 행할 것이라 네가 머무
는 나라 백성이 다 여호와의 행
하심을 보리니 내가 너를 위하여
행할 일이 두려운 것임이니라
11 너는 내가 오늘 네게 명령하는
것을 삼가 지키라 보라 내가 네
앞에서 아모리 사람과 가나안 사
람과 헷 사람과 브리스 사람과
히위 사람과 여부스 사람을 쫓아
내리니
12 너는 스스로 삼가 네가 들어가는
땅의 주민과 언약을 세우지 말라
그것이 너희에게 올무가 될까 하
노라
13 너희는 도리어 그들의 제단들을
헐고 그들의 주상을 깨뜨리고 그
들의 아세라 상을 찍을지어다
14 너는 다른 신에게 절하지 말라
여호와는 질투라 이름하는 질투
의 하나님임이니라

8

9

다시 언약을 세우시다(출 23:14-19; 신 7:1-5; 16:1-17)

10

11

12

13

14

파괴되었다가 회복된 언약

32장 1절—34장 35절

34장

15 너는 삼가 그 땅의 주민과 언약
을 세우지 말지니 이는 그들이
모든 신을 음란하게 섬기며 그들
의 신들에게 제물을 드리고 너를
청하면 네가 그 제물을 먹을까
함이며

16 또 네가 그들의 딸들을 네 아들
들의 아내로 삼음으로 그들의 딸
들이 그들의 신들을 음란하게 섬
기며 네 아들에게 그들의 신들을
음란하게 섬기게 할까 함이니라

17 너는 신상들을 부어 만들지 말지
니라

18 너는 무교절을 지키되 내가 네게
명령한 대로 아빕월 그 절기에
이레 동안 무교병을 먹으라 이는
네가 아빕월에 애굽에서 나왔음
이니라

19 모든 첫 태생은 다 내 것이며 네
가축의 모든 처음 난 수컷인 소
와 양도 다 그러하며

20 나귀의 첫 새끼는 어린 양으로
대속할 것이요 그렇게 하지 아니
하려면 그 목을 꺾을 것이며 네
아들 중 장자는 다 대속할지며
빈 손으로 내 얼굴을 보지 말지
니라

21 너는 엿새 동안 일하고 일곱째
날에는 쉴지니 밭 갈 때에나 거
둘 때에도 쉴지며

15

16

17

18

19

20

21

22 칠칠절 곧 맥추의 초실절을 지키
고 세말에는 수장절을 지키라
23 너희의 모든 남자는 매년 세 번
씩 주 여호와 이스라엘의 하나님
앞에 보일지라
24 내가 이방 나라들을 네 앞에서
쫓아내고 네 지경을 넓히리니 네
가 매년 세 번씩 여호와 네 하나
님을 뵈려고 올 때에 아무도 네
땅을 탐내지 못하리라
25 너는 내 제물의 피를 유교병과
함께 드리지 말며 유월절 제물을
아침까지 두지 말지며
26 네 토지 소산의 처음 익은 것을
가져다가 네 하나님 여호와의 전
에 드릴지며 너는 염소 새끼를
그 어미의 젖으로 삶지 말지니라
27 여호와께서 모세에게 이르시되
너는 이 말들을 기록하라 내가
이 말들의 뜻대로 너와 이스라
엘과 언약을 세웠음이니라 하시
니라
28 모세가 여호와와 함께 사십 일
사십 야를 거기 있으면서 떡도
먹지 아니하였고 물도 마시지 아
니하였으며 여호와께서는 언약
의 말씀 곧 십계명을 그 판들에
기록하셨더라

모세가 시내 산에서 내려오다

29 모세가 그 증거의 두 판을 모세
의 손에 들고 시내 산에서 내려
오니 그 산에서 내려올 때에 모
세는 자기가 여호와와 말하였음
으로 말미암아 얼굴 피부에 광채
가 나나 깨닫지 못하였더라

22

23

24

25

26

27

28

모세가 시내 산에서 내려오다

29

34장

30 아론과 온 이스라엘 자손이 모세
를 볼 때에 모세의 얼굴 피부에
광채가 남을 보고 그에게 가까이
하기를 두려워하더니
31 모세가 그들을 부르매 아론과 회
중의 모든 어른이 모세에게로 오
고 모세가 그들과 말하니
32 그 후에야 온 이스라엘 자손이
가까이 오는지라 모세가 여호와
께서 시내 산에서 자기에게 이르
신 말씀을 다 그들에게 명령하고
33 모세가 그들에게 말하기를 마치
고 수건으로 자기 얼굴을 가렸
더라
34 그러나 모세가 여호와 앞에 들어
가서 함께 말할 때에는 나오기까
지 수건을 벗고 있다가 나와서는
그 명령하신 일을 이스라엘 자손
에게 전하며
35 이스라엘 자손이 모세의 얼굴의
광채를 보므로 모세가 여호와께
말하러 들어가기까지 다시 수건
으로 자기 얼굴을 가렸더라

30

31

32

33

34

35

35장

안식일 규례

1 모세가 이스라엘 자손의 온 회중
을 모으고 그들에게 이르되 여호
와께서 너희에게 명령하사 행하
게 하신 말씀이 이러하니라

[35장] 안식일 규례

1

35장

2 엿새 동안은 일하고 일곱째 날은 너희를 위한 거룩한 날이니 여호와께 엄숙한 안식일이라 누구든지 이 날에 일하는 자는 죽일지니

3 안식일에는 너희의 모든 처소에서 불도 피우지 말지니라

여호와께 드릴 것들(출 25:1-9)

4 모세가 이스라엘 자손의 온 회중에게 말하여 이르되 여호와께서 명령하신 일이 이러하니라 이르시기를

5 너희의 소유 중에서 너희는 여호와께 드릴 것을 택하되 마음에 원하는 자는 누구든지 그것을 가져다가 여호와께 드릴지니 곧 금과 은과 놋과

6 청색 자색 홍색 실과 가는 베 실과 염소 털과

7 붉은 물 들인 숫양의 가죽과 해달의 가죽과 조각목과

8 등유와 및 관유에 드는 향품과 분향할 향을 만드는 향품과

9 호마노며 에봇과 흉패에 물릴 보석이니라

10 무릇 너희 중 마음이 지혜로운 자는 와서 여호와께서 명령하신 것을 다 만들지니

11 곧 성막과 천막과 그 덮개와 그 갈고리와 그 널판과 그 띠와 그 기둥과 그 받침과

년  

2

3

여호와께 드릴 것들(출 25:1-9)

4

5

6

7

8

9

10

11

성막을 세우는 이스라엘

35장 1절–39장 43절

35장

12 증거궤와 그 채와 속죄소와 그 가리는 휘장과

13 상과 그 채와 그 모든 기구와 진설병과

14 불 켜는 등잔대와 그 기구와 그 등잔과 등유와

15 분향단과 그 채와 관유와 분향할 향품과 성막 문의 휘장과

16 번제단과 그 놋 그물과 그 채와 그 모든 기구와 물두멍과 그 받침과

17 뜰의 포장과 그 기둥과 그 받침과 뜰 문의 휘장과

18 장막 말뚝과 뜰의 말뚝과 그 줄과

19 성소에서 섬기기 위하여 정교하게 만든 옷 곧 제사 직분을 행할 때에 입는 제사장 아론의 거룩한 옷과 그의 아들들의 옷이니라

여호와께 자원하여 드린 예물

20 이스라엘 자손의 온 회중이 모세 앞에서 물러갔더니

21 마음이 감동된 모든 자와 자원하는 모든 자가 와서 회막을 짓기 위하여 그 속에서 쓸 모든 것을 위하여, 거룩한 옷을 위하여 예물을 가져다가 여호와께 드렸으니

12

13

14

15

16

17

18

19

여호와께 자원하여 드린 예물

20

21

년 월 일

22 곧 마음에 원하는 남녀가 와서
팔찌와 귀고리와 가락지와 목걸
이와 여러 가지 금품을 가져다가
사람마다 여호와께 금 예물을 드
렸으며
23 무릇 청색 자색 홍색 실과 가는
베 실과 염소 털과 붉은 물 들인
숫양의 가죽과 해달의 가죽이 있
는 자도 가져왔으며
24 은과 놋으로 예물을 삼는 모든
자가 가져다가 여호와께 드렸으
며 섬기는 일에 소용되는 조각목
이 있는 모든 자는 가져왔으며
25 마음이 슬기로운 모든 여인은 손
수 실을 빼고 그 뺀 청색 자색 홍
색 실과 가는 베 실을 가져왔으며
26 마음에 감동을 받아 슬기로운 모
든 여인은 염소 털로 실을 뽑았
으며
27 모든 족장은 호마노와 및 에봇과
흉패에 물릴 보석을 가져왔으며
28 등불과 관유와 분향할 향에 소용
되는 기름과 향품을 가져왔으니
29 마음에 자원하는 남녀는 누구나
여호와께서 모세의 손을 빌어 명
령하신 모든 것을 만들기 위하여
물품을 드렸으니 이것이 이스라
엘 자손이 여호와께 자원하여 드
린 예물이니라

22

23

24

25

26

27

28

29

성막을 세우는 이스라엘

35장 1절—39장 43절

35장

성막 일꾼(출 31:1-11)

30 모세가 이스라엘 자손에게 이르되 볼지어다 여호와께서 유다 지파 훌의 손자요 우리의 아들인 브살렐을 지명하여 부르시고

31 하나님의 영을 그에게 충만하게 하여 지혜와 총명과 지식으로 여러 가지 일을 하게 하시되

32 금과 은과 놋으로 제작하는 기술을 고안하게 하시며

33 보석을 깎아 물리며 나무를 새기는 여러 가지 정교한 일을 하게 하셨고

34 또 그와 단 지파 아히사막의 아들 오홀리압을 감동시키사 가르치게 하시며

35 지혜로운 마음을 그들에게 충만하게 하사 여러 가지 일을 하게 하시되 조각하는 일과 세공하는 일과 청색 자색 홍색 실과 가는 베 실로 수 놓는 일과 짜는 일과 그 외에 여러 가지 일을 하게 하시고 정교한 일을 고안하게 하셨느니라

36장

1 브살렐과 오홀리압과 및 마음이 지혜로운 사람 곧 여호와께서 지혜와 총명을 부으사 성소에 쓸 모든 일을 할 줄 알게 하신 자들은 모두 여호와께서 명령하신 대로 할 것이니라

성막 일꾼(출 31:1-11)

30

31

32

33

34

35

[36장]

1

36장

예물로 드린 재료가 넉넉하다

2 모세가 브살렐과 오홀리압과 및 마음이 지혜로운 사람 곧 그 마음에 여호와께로부터 지혜를 얻고 와서 그 일을 하려고 마음에 원하는 모든 자를 부르매

3 그들이 이스라엘 자손의 성소의 모든 것을 만들기 위하여 가져온 예물을 모세에게서 받으니라 그러나 백성이 아침마다 자원하는 예물을 연하여 가져왔으므로

4 성소의 모든 일을 하는 지혜로운 자들이 각기 하는 일을 중지하고 와서

5 모세에게 말하여 이르되 백성이 너무 많이 가져오므로 여호와께서 명령하신 일에 쓰기에 남음이 있나이다

6 모세가 명령을 내리매 그들이 진중에 공포하여 이르되 남녀를 막론하고 성소에 드릴 예물을 다시 만들지 말라 하매 백성이 가져오기를 그치니

7 있는 재료가 모든 일을 하기에 넉넉하여 남음이 있었더라

성막을 만들다(출 26:1-37)

8 일하는 사람 중에 마음이 지혜로운 모든 사람이 열 폭 휘장으로 성막을 지었으니 곧 가늘게 꼰 베 실과 청색 자색 홍색 실로 그룹들을 무늬 놓아 짜서 지은 것이라

년 월 일

예물로 드린 재료가 넉넉하다

2

3

4

5

6

7

성막을 만들다(출 26:1-37)

8

성막을 세우는 이스라엘

35장 1절—39장 43절

36장

9 매 폭의 길이는 스물여덟 규빗, 너비는 네 규빗으로 각 폭의 장단을 같게 하여

10 그 다섯 폭을 서로 연결하며 또 그 다섯 폭을 서로 연결하고

11 연결할 끝폭 가에 청색 고를 만들며 다른 연결할 끝폭 가에도 고를 만들되

12 그 연결할 한 폭에 고리 쉰 개를 달고 다른 연결할 한 폭의 가에도 고리 쉰 개를 달아 그 고들이 서로 대하게 하고

13 금 갈고리 쉰 개를 만들어 그 갈고리로 두 휘장을 연결하여 한 막을 이루었더라

14 그 성막을 덮는 막 곧 휘장을 염소 털로 만들되 열한 폭을 만들었으니

15 각 폭의 길이는 서른 규빗, 너비는 네 규빗으로 열한 폭의 장단을 같게 하여

16 그 휘장 다섯 폭을 서로 연결하며 또 여섯 폭을 서로 연결하고

17 휘장을 연결할 끝폭 가에 고리 쉰 개를 달며 다른 연결할 끝폭 가에도 고리 쉰 개를 달고

18 놋 갈고리 쉰 개를 만들어 그 휘장을 연결하여 한 막이 되게 하고

9

10

11

12

13

14

15

16

17

18

36장

년  월 일

19 붉은 물 들인 숫양의 가죽으로 막의 덮개를 만들고 해달의 가죽으로 그 웃덮개를 만들었더라

20 그가 또 조각목으로 성막에 세울 널판들을 만들었으니

21 각 판의 길이는 열 규빗, 너비는 한 규빗 반이며

22 각 판에 두 촉이 있어 서로 연결하게 하였으니 성막의 모든 판이 그러하며

23 성막을 위하여 널판을 만들었으되 남으로는 남쪽에 널판이 스무 개라

24 그 스무 개 널판 밑에 은 받침 마흔 개를 만들었으되 곧 이 널판 밑에도 두 받침이 그 두 촉을 받게 하였고 저 널판 밑에도 두 받침이 그 두 촉을 받게 하였으며

25 성막 다른 쪽 곧 북쪽을 위하여도 널판 스무 개를 만들고

26 또 은 받침 마흔 개를 만들었으니 곧 이 판 밑에도 받침이 둘이요 저 판 밑에도 받침이 둘이며

27 장막 뒤 곧 서쪽을 위하여는 널판 여섯 개를 만들었고

28 장막 뒤 두 모퉁이 편을 위하여는 널판 두 개를 만들되

29 아래에서부터 위까지 각기 두 겹 두께로 하여 윗고리에 이르게 하고 두 모퉁이 쪽을 다 그리하며

30 그 널판은 여덟 개요 그 받침은 은 받침 열여섯 개라 각 널판 밑에 두 개씩이었더라

19
20
21
22
23
24
25
26
27
28
29
30

성막을 세우는 이스라엘

35장 1절—39장 43절

36장

31 그가 또 조각목으로 띠를 만들었으니 곧 성막 이쪽 널판을 위하여 다섯 개요

32 성막 저쪽 널판을 위하여 다섯 개요 성막 뒤 곧 서쪽 널판을 위하여 다섯 개며

33 그 중간 띠를 만들되 널판 중간이 끝에서 저 끝에 미치게 하였으며

34 그 널판들을 금으로 싸고 그 널판에 띠를 꿸 금 고리를 만들고 그 띠도 금으로 쌌더라

35 그가 또 청색 자색 홍색 실과 가늘게 꼰 베 실로 휘장을 짜고 그 위에 그룹들을 정교하게 수 놓고

36 조각목으로 네 기둥을 만들어 금으로 쌌으며 그 갈고리는 금으로 기둥의 네 받침은 은으로 부어 만들었으며

37 청색 자색 홍색 실과 가늘게 꼰 베 실로 수 놓아 장막 문을 위하여 휘장을 만들고

38 휘장 문의 기둥 다섯과 그 갈고리를 만들고 기둥 머리와 그 가름대를 금으로 쌌으며 그 다섯 받침은 놋이었더라

31

32

33

34

35

36

37

38

37장

언약궤를 만들다(출 25:10-22)

1 브살렐이 조각목으로 궤를 만들었으니 길이가 두 규빗 반, 너비가 한 규빗 반, 높이가 한 규빗 반이며

2 순금으로 안팎을 싸고 위쪽 가장자리로 돌아가며 금 테를 만들었으며

3 금 고리 넷을 부어 만들어 네 발에 달았으니 곧 이쪽에 두 고리요 저쪽에 두 고리이며

4 조각목으로 채를 만들어 금으로 싸고

5 그 채를 궤 양쪽 고리에 꿰어 궤를 메게 하였으며

6 순금으로 속죄소를 만들었으니 길이가 두 규빗 반, 너비가 한 규빗 반이며

7 금으로 그룹 둘을 속죄소 양쪽에 쳐서 만들었으되

8 한 그룹은 이쪽 끝에, 한 그룹은 저쪽 끝에 곧 속죄소와 한 덩이로 그 양쪽에 만들었으니

9 그룹들이 그 날개를 높이 펴서 그 날개로 속죄소를 덮었으며 그 얼굴은 서로 대하여 속죄소를 향하였더라

상을 만들다(출 25:23-30)

10 그가 또 조각목으로 상을 만들었으니 길이가 두 규빗, 너비가 한 규빗, 높이가 한 규빗 반이며

11 순금으로 싸고 위쪽 가장자리로 돌아가며 금 테를 둘렀으며

년 월 일

[37장] 언약궤를 만들다(출 25:10-22)

1

2

3

4

5

6

7

8

9

상을 만들다(출 25:23-30)

10

11

37장

12 그 주위에 손바닥 넓이만한 턱을
만들고 그 턱 주위에 금으로 테
를 만들었고

13 상을 위하여 금 고리 넷을 부어
만들어 네 발 위, 네 모퉁이에 달
았으니

14 그 고리가 턱 곁에 있어서 상을
메는 채를 꿰게 하였으며

15 또 조각목으로 상 멜 채를 만들
어 금으로 쌌으며

16 상 위의 기구 곧 대접과 숟가락
과 잔과 따르는 병을 순금으로
만들었더라

등잔대를 만들다(출 25:31-40)

17 그가 또 순금으로 등잔대를 만들
되 그것을 쳐서 만들었으니 그
밑판과 줄기와 잔과 꽃받침과 꽃
이 그것과 한 덩이로 되었고

18 가지 여섯이 그 곁에서 나왔으니
곧 등잔대의 세 가지는 저쪽으로
나왔고 등잔대의 세 가지는 이쪽
으로 나왔으며

19 이쪽 가지에 살구꽃 형상의 잔
셋과 꽃받침과 꽃이 있고 저쪽
가지에 살구꽃 형상의 잔 셋과
꽃받침과 꽃이 있어 등잔대에서
나온 가지 여섯이 그러하며

20 등잔대 줄기에는 살구꽃 형상의
잔 넷과 꽃받침과 꽃이 있고

12

13

14

15

16

등잔대를 만들다(출 25:31-40)

17

18

19

20

년 월 일

21 등잔대에서 나온 가지 여섯을 위하여는 꽃받침이 있게 하였으되 두 가지 아래에 한 꽃받침이 있어 줄기와 연결하였고 또 두 가지 아래에 한 꽃받침이 있어 줄기와 연결하였고 또 다시 두 가지 아래에 한 꽃받침이 있어 줄기와 연결되게 하였으니

22 이 꽃받침과 가지들을 줄기와 연결하여 전부를 순금으로 쳐서 만들었으며

23 등잔 일곱과 그 불 집게와 불 똥 그릇을 순금으로 만들었으니

24 등잔대와 그 모든 기구는 순금 한 달란트로 만들었더라

분향할 제단을 만들다
(출 30:1-5; 30:22-38)

25 그가 또 조각목으로 분향할 제단을 만들었으니 길이는 한 규빗이요 너비도 한 규빗이라 네모가 반듯하고 높이는 두 규빗이며 그 뿔들이 제단과 연결되었으며

26 제단 상면과 전후 좌우면과 그 뿔을 순금으로 싸고 주위에 금 테를 둘렀고

27 그 테 아래 양쪽에 금 고리 둘을 만들었으되 곧 그 양쪽에 만들어 제단을 메는 채를 꿰게 하였으며

28 조각목으로 그 채를 만들어 금으로 쌌으며

29 거룩한 관유와 향품으로 정결한 향을 만들었으되 향을 만드는 법대로 하였더라

21

22

23

24

분향할 제단을 만들다(출 30:1-5; 30:22-38)

25

26

27

28

29

∷ 성막을 세우는 이스라엘

35장 1절-39장 43절

38장

번제단을 만들다(출 27:1-8)

1 그가 또 조각목으로 번제단을 만들었으니 길이는 다섯 규빗이요 너비도 다섯 규빗이라 네모가 반듯하고 높이는 세 규빗이며

2 그 네 모퉁이 위에 그 뿔을 만들되 그 뿔을 제단과 연결하게 하고 제단을 놋으로 쌌으며

3 제단의 모든 기구 곧 통과 부삽과 대야와 고기 갈고리와 불 옮기는 그릇을 다 놋으로 만들고

4 제단을 위하여 놋 그물을 만들어 제단 주위 가장자리 아래에 두되 제단 절반에 오르게 하고

5 그 놋 그물 네 모퉁이에 채를 꿸 고리 넷을 부어 만들었으며

6 채를 조각목으로 만들어 놋으로 싸고

7 제단 양쪽 고리에 그 채를 꿰어 메게 하였으며 제단은 널판으로 속이 비게 만들었더라

놋 물두멍을 만들다(출 30:18)

8 그가 놋으로 물두멍을 만들고 그 받침도 놋으로 하였으니 곧 회막 문에서 수종드는 여인들의 거울로 만들었더라

[38장] 번제단을 만들다(출 27:1-8)

1

2

3

4

5

6

7

놋 물두멍을 만들다(출 30:18)

8

38장

성막 울타리를 만들다(출 27:9-19)

9 그가 또 뜰을 만들었으니 남으로
뜰의 남쪽에는 세마포 포장이 백
규빗이라

10 그 기둥이 스물이며 그 받침이
스물이니 놋이요 기둥의 갈고리
와 가름대는 은이며

11 그 북쪽에도 백 규빗이라 그 기
둥이 스물이며 그 받침이 스물이
니 놋이요 기둥의 갈고리와 가름
대는 은이며

12 서쪽에 포장은 쉰 규빗이라 그
기둥이 열이요 받침이 열이며 기
둥의 갈고리와 가름대는 은이며

13 동으로 동쪽에도 쉰 규빗이라

14 문 이쪽의 포장이 열다섯 규빗이
요 그 기둥이 셋이요 받침이 셋
이며

15 문 저쪽도 그와 같으니 뜰 문 이
쪽, 저쪽의 포장이 열다섯 규빗
씩이요 그 기둥이 셋씩, 받침이
셋씩이라

16 뜰 주위의 포장은 세마포요

17 기둥 받침은 놋이요 기둥의 갈고
리와 가름대는 은이요 기둥 머리
싸개는 은이며 뜰의 모든 기둥에
은 가름대를 꿰었으며

18 뜰의 휘장 문을 청색 자색 홍색
실과 가늘게 꼰 베 실로 수 놓아
짰으니 길이는 스무 규빗이요 너
비와 높이는 뜰의 포장과 같이
다섯 규빗이며

19 그 기둥은 넷인데 그 받침 넷은
놋이요 그 갈고리는 은이요 그
머리 싸개와 가름대도 은이며

년 월 일

성막 울타리를 만들다(출 27:9-19)

9

10

11

12

13

14

15

16

17

18

19

38장

20 성막 말뚝과 뜰 주위의 말뚝은
모두 놋이더라

성막 재료의 물자 목록

21 성막 곧 증거막을 위하여 레위
사람이 쓴 재료의 물목은 제사장
아론의 아들 이다말이 모세의 명
령대로 계산하였으며

22 유다 지파 훌의 손자요 우리의
아들인 브살렐은 여호와께서 모
세에게 명령하신 모든 것을 만들
었고

23 단 지파 아히사막의 아들 오홀리
압이 그와 함께 하였으니 오홀리
압은 재능이 있어서 조각하며 또
청색 자색 홍색 실과 가는 베 실
로 수 놓은 자더라

24 성소 건축 비용으로 들인 금은
성소의 세겔로 스물아홉 달란트
와 칠백삼십 세겔이며

25 계수된 회중이 드린 은은 성소의
세겔로 백 달란트와 천칠백칠십
오 세겔이니

26 계수된 자가 이십 세 이상으로
육십만 삼천오백오십 명인즉 성
소의 세겔로 각 사람에게 은 한
베가 곧 반 세겔씩이라

20

성막 재료의 물자 목록

21

22

23

24

25

26

38장

27 은 백 달란트로 성소의 받침과 휘
장 문의 기둥 받침을 모두 백 개
를 부어 만들었으니 각 받침마다
한 달란트씩 모두 백 달란트요
28 천칠백칠십오 세겔로 기둥 갈고
리를 만들고 기둥 머리를 싸고
기둥 가름대를 만들었으며
29 드린 놋은 칠십 달란트와 이천사
백 세겔이라
30 이것으로 회막 문 기둥 받침과
놋 제단과 놋 그물과 제단의 모
든 기구를 만들었으며
31 뜰 주위의 기둥 받침과 그 휘장
문의 기둥 받침이며 성막의 모든
말뚝과 뜰 주위의 모든 말뚝을
만들었더라

39장

제사장의 옷을 만들다(출 28:1-14)

1 그들은 여호와께서 모세에게 명
령하신 대로 청색 자색 홍색 실
로 성소에서 섬길 때 입을 정교
한 옷을 만들고 또 아론을 위해
거룩한 옷을 만들었더라
2 그는 또 금 실과 청색 자색 홍색
실과 가늘게 꼰 베 실로 에봇을
만들었으되
3 금을 얇게 쳐서 오려서 실을 만
들어 청색 자색 홍색 실과 가는
베 실에 섞어 정교하게 짜고
4 에봇에는 어깨받이를 만들어
그 두 끝에 달아 서로 연결되게
하고

년 월 일

27

28

29

30

31

[39장] 제사장의 옷을 만들다(출 28:1-14)

1

2

3

4

성막을 세우는 이스라엘

35장 1절—39장 43절

39장

5 에봇 위에 에봇을 매는 띠를 에
봇과 같은 모양으로 금 실과 청
색 자색 홍색 실과 가늘게 꼰 베
실로 에봇에 붙여 짰으니 여호와
께서 모세에게 명령하신 대로 하
였더라

6 그들은 또 호마노를 깎아 금 테
에 물려 도장을 새김 같이 이스
라엘의 아들들의 이름을 그것에
새겨

7 에봇 어깨받이에 달아 이스라엘
의 아들들을 기념하는 보석을 삼
았으니 여호와께서 모세에게 명
령하신 대로 하였더라

흉패를 짜다(출 28:15-30)

8 그가 또 흉패를 정교하게 짜되
에봇과 같은 모양으로 금 실과
청색 자색 홍색 실과 가늘게 꼰
베 실로 하였으니

9 그것의 길이가 한 뼘, 너비가 한
뼘으로 네 모가 반듯하고 두 겹
이며

10 그것에 네 줄 보석을 물렸으니
곧 홍보석 황옥 녹주옥이 첫 줄
이요

11 둘째 줄은 석류석 남보석 홍마
노요

12 셋째 줄은 호박 백마노 자수정
이요

5

6

7

흉패를 짜다(출 28:15-30)

8

9

10

11

12

13 넷째 줄은 녹보석 호마노 벽옥이
라 다 금 테에 물렸으니

14 이 보석들은 이스라엘의 아들들
의 이름 곧 그들의 이름대로 열
둘이라 도장을 새김 같이 그 열
두 지파의 각 이름을 새겼으며

15 그들이 또 순금으로 노끈처럼 사
슬을 땋아 흉패에 붙이고

16 또 금 테 둘과 금 고리 둘을 만
들어 그 두 고리를 흉패 두 끝에
달고

17 그 땋은 두 금 사슬을 흉패 끝 두
고리에 꿰매었으며

18 그 땋은 두 사슬의 다른 두 끝을
에봇 앞 두 어깨받이의 금 테에
매고

19 또 금 고리 둘을 만들어 흉패 두
끝에 달았으니 곧 그 에봇을 마
주한 안쪽 가장자리에 달았으며

20 또 금 고리 둘을 만들어 에봇 앞
두 어깨받이 아래 매는 자리 가
까운 쪽 곧 정교하게 짠 에봇 띠
위쪽에 달고

21 청색 끈으로 흉패 고리와 에봇
고리에 꿰어 흉패로 정교하게 짠
에봇 띠 위에 붙여서 에봇에서
벗어지지 않게 하였으니 여호와
께서 모세에게 명령하신 대로 하
였더라

제사장의 또 다른 옷을 만들다 (출 28:31-43)

22 그가 에봇 받침 긴 옷을 전부 청
색으로 짜서 만들되

년 월 일

13

14

15

16

17

18

19

20

21

제사장의 또 다른 옷을 만들다(출 28:31-43)

22

∷ 성막을 세우는 이스라엘

35장 1절—39장 43절

39장

23 그 옷의 두 어깨 사이에 구멍을 내고 갑옷 깃 같이 그 구멍 주위에 깃을 짜서 찢어지지 않게 하고
24 청색 자색 홍색 실과 가는 베 실로 그 옷 가장자리에 석류를 수 놓고
25 순금으로 방울을 만들어 그 옷 가장자리로 돌아가며 석류 사이 사이에 달되
26 방울과 석류를 서로 간격을 두고 번갈아 그 옷 가장자리로 돌아가며 달았으니 여호와께서 모세에게 명령하신 대로 하였더라
27 그들이 또 직조한 가는 베로 아론과 그의 아들들을 위하여 속옷을 짓고
28 세마포로 두건을 짓고 세마포로 빛난 관을 만들고 가는 베 실로 짜서 세마포 속바지들을 만들고
29 가는 베 실과 청색 자색 홍색 실로 수 놓아 띠를 만들었으니 여호와께서 모세에게 명령하신 대로 하였더라
30 그들이 또 순금으로 거룩한 패를 만들고 도장을 새김 같이 그 위에 '여호와께 성결'이라 새기고
31 그 패를 청색 끈으로 관 전면에 달았으니 여호와께서 모세에게 명령하신 대로 하였더

23

24

25

26

27

28

29

30

31

39장

성막의 모든 역사를 마치다(출 35:10-19)

32 이스라엘 자손이 이와 같이 성막
곧 회막의 모든 역사를 마치되
여호와께서 모세에게 명령하신
대로 다 행하고

33 그들이 성막을 모세에게로 가져
왔으니 곧 막과 그 모든 기구와
그 갈고리들과 그 널판들과 그
띠들과 그 기둥들과 그 받침들과

34 붉은 물을 들인 숫양의 가죽 덮
개와 해달의 가죽 덮개와 가리는
휘장과

35 증거궤와 그 채들과 속죄소와

36 상과 그 모든 기구와 진설병과

37 순금 등잔대와 그 잔 곧 벌여놓
는 등잔대와 그 모든 기구와 등
유와

38 금 제단과 관유와 향기로운 향과
장막 휘장 문과

39 놋 제단과 그 놋 그물과 그 채들
과 그 모든 기구와 물두멍과 그
받침과

40 뜰의 포장들과 그 기둥들과 그
받침들과 뜰 문의 휘장과 그 줄
들과 그 말뚝들과 성막 곧 회막
에서 사용할 모든 기구와

41 성소에서 섬기기 위한 정교한 옷
곧 제사 직분을 행할 때에 입는
제사장 아론의 거룩한 옷과 그의
아들들의 옷이라

42 여호와께서 모세에게 명령하신
대로 이스라엘 자손이 모든 역사
를 마치매

년 월 일

성막의 모든 역사를 마치다(출 35:10-19)

32

33

34

35

36

37

38

39

40

41

42

■ 성막을 세우는 이스라엘 35장 1절–39장 43절

■ 성막의 완성과 봉헌 40장 1–38절

39장

43 모세가 그 마친 모든 것을 본즉 여호와께서 명령하신 대로 되었으므로 모세가 그들에게 축복하였더라

40장

성막 봉헌

1 여호와께서 모세에게 말씀하여 이르시되

2 너는 첫째 달 초하루에 성막 곧 회막을 세우고

3 또 증거궤를 들여놓고 또 휘장으로 그 궤를 가리고

4 또 상을 들여놓고 그 위에 물품을 진설하고 등잔대를 들여놓아 불을 켜고

5 또 금 향단을 증거궤 앞에 두고 성막 문에 휘장을 달고

6 또 번제단을 회막의 성막 문 앞에 놓고

7 또 물두멍을 회막과 제단 사이에 놓고 그 속에 물을 담고

8 또 뜰 주위에 포장을 치고 뜰 문에 휘장을 달고

9 또 관유를 가져다가 성막과 그 안에 있는 모든 것에 발라 그것과 그 모든 기구를 거룩하게 하라 그것이 거룩하리라

43

[40장] 성막 봉헌

1

2

3

4

5

6

7

8

9

40장

년 월 일

10 너는 또 번제단과 그 모든 기구
에 발라 그 안을 거룩하게 하라
그 제단이 지극히 거룩하리라

11 너는 또 물두멍과 그 받침에 발
라 거룩하게 하고

12 너는 또 아론과 그 아들들을 회
막 문으로 데려다가 물로 씻기고

13 아론에게 거룩한 옷을 입히고 그
에게 기름을 부어 거룩하게 하여
그가 내게 제사장의 직분을 행하
게 하라

14 너는 또 그 아들들을 데려다가
그들에게 겉옷을 입히고

15 그 아버지에게 기름을 부음 같
이 그들에게도 부어서 그들이
내게 제사장의 직분을 행하게
하라 그들이 기름 부음을 받았
은즉 대대로 영영히 제사장이
되리라 하시매

16 모세가 그같이 행하되 곧 여호와
께서 자기에게 명령하신 대로 다
행하였더라

17 둘째 해 첫째 달 곧 그 달 초하루
에 성막을 세우니라

18 모세가 성막을 세우되 그 받침들
을 놓고 그 널판들을 세우고 그
띠를 띠우고 그 기둥들을 세우고

19 또 성막 위에 막을 펴고 그 위에
덮개를 덮으니 여호와께서 모세
에게 명령하신 대로 되니라

20 그는 또 증거판을 궤 속에 넣고
채를 궤에 꿰고 속죄소를 궤 위
에 두고

10

11

12

13

14

15

16

17

18

19

20

출애굽기

성막의 완성과 봉헌

40장 1–38절

40장

21 또 그 궤를 성막에 들여놓고 가
리개 휘장을 늘어뜨려 그 증거궤
를 가리니 여호와께서 모세에게
명령하신 대로 되니라
22 그는 또 회막 안 곧 성막 북쪽으
로 휘장 밖에 상을 놓고
23 또 여호와 앞 그 상 위에 떡을 진
설하니 여호와께서 모세에게 명
령하신 대로 되니라
24 그는 또 회막 안 곧 성막 남쪽에
등잔대를 놓아 상과 마주하게
하고
25 또 여호와 앞에 등잔대에 불을
켜니 여호와께서 모세에게 명령
하신 대로 되니라
26 그가 또 금 향단을 회막 안 휘장
앞에 두고
27 그 위에 향기로운 향을 사르니
여호와께서 모세에게 명령하신
대로 되니라
28 그는 또 성막 문에 휘장을 달고
29 또 회막의 성막 문 앞에 번제단
을 두고 번제와 소제를 그 위에
드리니 여호와께서 모세에게 명
령하신 대로 되니라
30 그는 또 물두멍을 회막과 제단
사이에 두고 거기 씻을 물을 담
으니라
31 모세와 아론과 그 아들들이 거기
서 수족을 씻되

21

22

23

24

25

26

27

28

29

30

31

32 그들이 회막에 들어갈 때와 제단
에 가까이 갈 때에 씻었으니 여
호와께서 모세에게 명령하신 대
로 되니라
33 그는 또 성막과 제단 주위 뜰에
포장을 치고 뜰 문에 휘장을 다
니라 모세가 이같이 역사를 마
치니

여호와의 영광이 성막에 충만하다 (민 9:15-23)

34 구름이 회막에 덮이고 여호와의
영광이 성막에 충만하매
35 모세가 회막에 들어갈 수 없었으
니 이는 구름이 회막 위에 덮이
고 여호와의 영광이 성막에 충만
함이었으며
36 구름이 성막 위에서 떠오를 때에
는 이스라엘 자손이 그 모든 행
진하는 길에 앞으로 나아갔고
37 구름이 떠오르지 않을 때에는 떠
오르는 날까지 나아가지 아니하
였으며
38 낮에는 여호와의 구름이 성막 위
에 있고 밤에는 불이 그 구름 가
운데에 있음을 이스라엘의 온 족
속이 그 모든 행진하는 길에서
그들의 눈으로 보았더라

32

33

여호와의 영광이 성막에 충만하다(민 9:15-23)

34

35

36

37

38

손끝에서 피어나는
하나님 백성의 해방 이야기

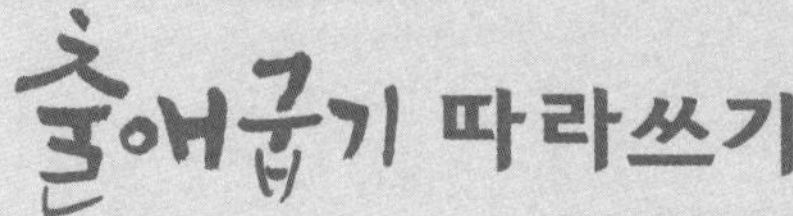

Hand Copying Scriptures

초판 1쇄 발행 2023년 2월 20일

발행인 김용성
기획·편집 출판사역팀
디자인 이명애
제 작 정준용
보 급 김동윤, 이대성

펴낸곳 요단출판사
등 록 1973. 8. 23. 제13-10호
주 소 07238 서울특별시 영등포구 국회대로 76길 10
기 획 (02)2643-9155
구 입 (02)2643-7290~1 Fax (02)2643-1877

값 14,000원
ISBN 978-89-350-1967-0 03230

십계명

The Ten Commandments

하나님이 이 모든 말씀으로 말씀하여 이르시되
나는 너를 애굽 땅, 종 되었던 집에서 인도하여 낸 네 하나님 여호와니라

제일은, **너는 나 외에는 다른 신들을 네게 두지 말라**

제이는, **너를 위하여 새긴 우상을 만들지 말고 또 위로 하늘에 있는 것이나 아래로 땅에 있는 것이나 땅 아래 물 속에 있는 것의 어떤 형상도 만들지 말며 그것들에게 절하지 말며 그것들을 섬기지 말라**
나 네 하나님 여호와는 질투하는 하나님인즉 나를 미워하는 자의 죄를 갚되 아버지로부터 아들에게로 삼사 대까지 이르게 하거니와 나를 사랑하고 내 계명을 지키는 자에게는 천 대까지 은혜를 베푸느니라

제삼은, **너는 네 하나님 여호와의 이름을 망령되게 부르지 말라**
여호와는 그의 이름을 망령되게 부르는 자를 죄 없다 하지 아니하리라

제사는, **안식일을 기억하여 거룩하게 지키라**
엿새 동안은 힘써 네 모든 일을 행할 것이나 일곱째 날은 네 하나님 여호와의 안식일인즉 너나 네 아들이나 네 딸이나 네 남종이나 네 여종이나 네 가축이나 네 문안에 머무는 객이라도 아무 일도 하지 말라 이는 엿새 동안에 나 여호와가 하늘과 땅과 바다와 그 가운데 모든 것을 만들고 일곱째 날에 쉬었음이라 그러므로 나 여호와가 안식일을 복되게 하여 그 날을 거룩하게 하였느니라